Eroi, Zei şi Fiinţe Fabuloase
în Arta Geto-Dacică

Viorel Moraru

Viorel Moraru, născut la 7 februarie 1983 în Moreni, județul Dâmbovița, este licențiat și master în istorie la Universitatea Valahia din Târgoviște, redactor și ilustrator. Pasionat de obiecte vechi, benzi desenate, cinematografie, este un avid cititor, iubitor de artă și mitologie.

De același autor:
Mit și Religie în Dacia, Editura Ler, Dragodana, 2021;
Balada lui Brâncoveanu (bandă desenată), Editura Ler, Târgoviște, 2019;
Bobo și Emilia, Editura Ler, Târgoviște, 2019.

Ilustrator:
Carnavalul din pădure, Editura Ler, Dragodana, 2021 (împreună cu Irina Întorcătoru).

Creator webcomic:
Codex Dracula (2017).

CUPRINS

Introducere

Cercetările pe care le-am întreprins cu privire la religia geto-dacilor au început în anul 2011 când am elaborat lucrarea de licenţă, atunci am analizat multiplele ipostaze ale lui Zalmoxis şi am realizat o reconstituire istoriografică a drumului pe care acest personaj misterios l-a parcurs în literatura antică şi modernă. Fascinat şi intrigat de nenumăratele ipoteze legate de natura, numărul şi numele zeilor ce populau panteonul tracilor nordici, am decis să abordez religia lor dintr-un unghi diferit, să întreprind o cercetare pornind de la reprezentările artistice întâlnite pe piesele metalice. În vederea realizării acestui obiectiv, am parcurs cele mai reprezentative lucrări despre tezaurele descoperite în România şi în Bulgaria, apoi am analizat imaginile de pe obiectele aflate în componenţa lor. Demersul desfăşurat în prezenta lucrare a avut drept scop dorinţa de a prezenta şi lămuri, dacă nu toate, măcar o parte din confuziile ce se regăsesc în legătură cu spiritualitatea geto-dacilor.

Epoca cercetată este cuprinsă între secolul al V-lea a.Chr şi secolul I p.Chr., studiul se concentrează asupra ariei geografice locuite de geto-daci, dar vor fi aduse în discuţie şi cele mai importante descoperiri efectuate în arealul locuit de tracii odrisi (aceştia se găseau dincolo de Munţii Balcani, în unele perioade puterea lor s-a extins până la Dunăre).

Geţii sunt identificaţi istoric şi arheologic în Muntenia, sudul Moldovei şi Dobrogea. Numele geţilor apare pentru întâia oară în izvoarele scrise greceşti, unde sunt prezentaţi cu apelativul „cei care se fac nemuritori". Herodot relatează în Cartea a IV-a din Istorii, că ei sunt cei mai viteji şi mai drepţi dintre traci, singurii care au îndrăznit să opună rezistenţă regelui persan Darius, care în jurul anului 514-513 a.Chr. ajunsese cu armatele sale la gurile Dunării.

După ce scoate în evidenţă bărbăţia geţilor, Herodot nu pierde ocazia de a prezenta istoriei divinitatea căreia aceşti traci i se închinau şi îi aduceau sacrificii umane – este vorba despre zeul Zalmoxis. Despre practicile desfăşurate în cultul dedicat acestei divinităţi misterioase se cunosc puţine lucruri, de la primele informaţii greceşti până la lexicoanele bizantine revin aceleaşi clişee (Zalmoxis, sau după alte surse Zamolxis, eliberat din sclavie de filosoful Pitagora, se întoarce la geţi, iar aceştia îl divinizează ca pe „cel mai mare dintre zei", dedicându-i jertfe umane).

În sursele latine populaţia din Transilvania, Banat, Crişana şi Maramureş este desemnată cu numele de daci. Acest nordic trib al tracilor apare pentru întâia oară în literatură în secolul I a. Chr. în lucrarea Comentarii De Belo Galico, a lui Julius Caesar. Deoarece geţii şi dacii vorbeau aceeaşi limbă (ştim asta de la Strabon) şi cu siguranţă se închinau aceloraşi zei (deci îi legau strânse relaţii de rudenie) istoricii moderni se referă adesea la ei folosind termenul de **geto-daci**, termen utilizat pentru a îmbina sursele literare greceşti referitoare la geţi cu cele latine despre daci, şi pentru a evidenţia asemănările dintre cele două uniuni de triburi, unitatea politică, militară şi religioasă realizată sub regii Burebista şi Decebal (în perioadele sale de apogeu, teritoriul Regatului Dac s-a întins de la Carpaţii Păduroşi până la Munţii Balcani, iar acţiunile regilor daci au interferat cu politica celui mai puternic imperiu din Europa – Imperiul Roman).

Lucrarea este structurată în cinci capitole, **în primul** am prezentat tezaurele de aur şi argint prelucrate artistic (tezaure aşa zis toreutice[1]), care aparţin secolelor V-III a.Chr. Printre cele mai importante descoperiri din acest

---

[1] Toreutica este arta de a sculpta într-un material dur (aur, argint).

interval de timp se întâlnesc coifuri şi cnemide[2] din metal preţios, vase bogat decorate cu personaje umane şi animale, de asemenea, arta geţilor abundă cu obiecte folosite pentru a împodobi harnaşamentul cailor.

În **capitolul 2** am realizat o expunere a pieselor metalice cu reprezentări figurative din perioada Regatului Dac, secolele I a.Chr.-I p.Chr. Obiectele caracteristice ultimelor două secole dinaintea cuceririi romane sunt în marea lor majoritate podoabe (falere[3], fibule[4], coliere şi brăţări).

În **capitolul 3**, dedicat perioadei de apogeu a aristocraţiei getice, am analizat imaginile de pe obiectele de metal. Temele iconografice cele mai întâlnite sunt tema cavalerului lăncier şi cea a personajului care stă pe tron; mai apar personaje feminine aflate în compania animalelor fantastice şi scene unicat precum scena sacrificiului, şi scena hierogamiei[5].

În **capitolul 4** am adus în discuţie temele artistice din perioada Regatului Dac şi am analizat deosebirile şi asemănările cu iconografia perioadei precedente.

În **ultimul capitol** am discutat despre bestiarul real şi imaginar al geto-dacilor. Animalele reale întâlnite în arta geto-dacilor sunt: taurul, ţapul, berbecul, cerbul, ursul, mistreţul, calul, vulturul, şarpele, lupul etc... Dintre animalele fantastice întâlnim: păsări supranaturale, grifoni, hipogrifi şi, nu în ultimul rând, *draconul dacic* (faimosul balaur cu cap de lup şi trup de şarpe care şuiera a moarte).

---

[2] Piesă de armură ce îmbracă tibia şi acoperă genunchiul, asemănătoare unei jambiere metalice.
[3] Plăcuţă de metal folosită la împodobirea veşmintelor.
[4] Podoabă asemănătoare unei broşe.
[5] Împreunare sacră dintre un zeu şi o zeiţă.

Pe parcursul lucrării vor fi folosite prescurtările: a.Chr. (lat. ante Christum – „înainte de Hristos") și p.Chr. (lat. post Christum – „după Hristos").

Capitolul 1

DESCOPERIRI ARHEOLOGICE APARȚINÂND SECOLELOR V-III a.Chr.

Geții, cel mai războinic neam al tracilor, au intrat în istorie cu arma în mână, înfruntând una din cele mai puternice forțe ale lumii antice, Imperiul Persan. Era pe la anul 514 sau 513 a.Chr., când Darius, divinul rege al persanilor, a sosit la gurile Dunării cu armată numeroasă, pentru a se război cu nomazii sciți și cu aliații lor. Atunci, populațiile din zonă au luat contact cu superioritatea militară și culturală a Imperiului Persan, iar părțile Traciei, din vecinătatea Mării Negre, au fost puse sub ascultarea marelui rege.

În următorii ani, atât Darius, cât și fiul său – Xerxes, au pornit război împotriva Eladei, polisurile grecești, unite pentru prima dată împotriva unui dușman comun, au reușit să respingă atacurile de la Maraton, Termopile și Salamina. Preocupați de conflictele cu grecii, persanii își vor pierde influența asupra țărmurilor Traciei.

În secolul al IV-lea a.Chr. au avut loc în Tracia expedițiile scitului Ateas și ale macedonenilor Filip al II-lea și Alexandru cel Mare; în timpul acestor contacte militare și culturale, se remarcă la Dunărea de Jos, pe pământul stăpânit de traco-geți, existența unor formațiuni politice conduse de o puternică aristocrație locală, care nu se sfia să-și etaleze originea nobilă și statutul social. Mai marii locului își împodobeau brațele cu șerpi de aur, purtau coifuri de paradă și cnemide frumos decorate, beau din cupe de argint și luau cu ei în mormânt animale, oameni, bogății.

Cele mai importante descoperiri de obiecte din metale prețioase cu reprezentări figurative din perioada secolelor V-III a.Chr., sunt:

Tezaurul de la Băiceni

A fost descoperit în timpul unor lucrări agricole efectuate în anul 1959 pe dealul Laiu, în raza localităţii Băiceni, judeţul Iaşi.

Comoara cântăreşte aproximativ 2,5 kg – nu provine dintr-un tumul[6] – este alcătuită dintr-un coif cu calota conică, o brăţară în formă de spirală cu protome de berbec, mai multe aplice vestimentare şi de harnaşament. Toate obiectele sunt confecţionate din aur[7].

Piesa cea mai interesantă o reprezintă coiful (Fig.1.a.), după cum am spus, este realizat în totalitate din aur, are decorat pe obrăzarul drept un bărbat cu capul descoperit, cu părul tuns scurt, imberb, care stă aşezat pe un tron, lângă spătarul tronului se află un arc şi un şarpe (Fig.1.b., Fig.1.c.).

Personajul este îmbrăcat într-o cămaşă de zale şi ţine în mâna stângă un rhyton[8], iar în cea dreaptă un vas de tip fială. Pe obrăzarul stâng sunt redaţi doi şerpi cu capete de pasăre, iar apărătoarea de ceafă este ornamentată cu doi cai înaripaţi sau cu doi hipogrifi[9].

Ţinând seama de forma aplicelor, de metalul folosit, de modelul coifului şi de temele artistice abordate, Dumitru Berciu şi Mihai Gramatopol datează tezaurul la sfârşitul secolului al V-lea a.Chr. sau începutul secolului al IV-lea a.Chr. şi îl atribuie geţilor.

Coiful de la Poiana Coţofeneşti

A fost descoperit în anul 1928 pe raza satului Coţofeneşti, comuna Poiana, judeţul Prahova. Piesa este din aur masiv, are calota ornată cu şiruri de protuberanţe (Fig.2.a.). Deschiderea feţei este dreptunghiulară, lăsând descoperit întregul chip al purtătorului, partea frontală a calotei acoperă fruntea în totalitate, pe ea sunt redaţi doi ochi expresivi cu sprincene mari şi răsucite. Pe ambele

---

[6] Movilă de pământ ridicată deasupra unui mormânt.
[7] Mihai Gramatopol, *Studia III*, Edit. Transilvania Expres, Braşov, 2008, pp. 84-86
[8] Vas care are forma unui corn de animal.
[9] Animal fantastic, jumătate cal - jumătate vultur.

obrăzare este înfăţişată scena unui sacrificiu – un personaj masculin, îmbrăcat cu o platoşă din solzi metalici, ce poartă pe cap un coif conic sau o căciulă ţuguiată, este pregătit să înjunghie un berbec cu ajutorul unui pumnal de tip akinakes[10] (Fig.2.b.). Apărătoarea cefei este divizată în două registre, pe cel superior se află patru fiinţe fantastice despărţite în două grupe de o rozetă, ele au capul asemănător cu cel uman, dar posedă aripi şi cozi. Pe registrul inferior sunt redaţi trei hipogrifi, doi dintre ei ţin câte un picior de erbivor în cioc (Fig.2.c.).

Cercetările întreprinse la locul descoperirii au relevat faptul că piesa fusese îngropată singură pe teritoriul unei aşezări geto-dacice, aparţinând celei de a doua vârste a fierului. Din locul respectiv şi din împrejurimi au fost culese fragmente ceramice lucrate la roată – forma şi decorul pictat pe acestea dezvăluie originea autohtonă a operei de artă, de asemenea, regularitatea şirurilor de protuberanţe de pe calota coifului nu este respectată, iar stângăcia tehnicii de realizare a decorului de pe obrăzare (cum ar fi mâna anemică cu care personajul ţine pumnalul), denotă faptul că piesa a fost realizată de un meşter local[11]. Se întâlnesc şi alte elemente caracteristice artei getice, cum ar fi motivul ochilor apotropaici[12].

Mihai Gramatopol este de părere că acest coif datează de la sfârşitul secolului al V-lea a.Chr. sau începutul secolului al IV-lea a.Chr.

Tezaurul de la Agighiol

În primăvara anului 1931, câţiva locuitori ai comunei Agighiol din judeţul Tulcea, au descoperit mai multe obiecte de valoare în cursul unor săpături întreprinse pe locul numit „movila lui Uţă". S-a constatat că localnicii jefuiseră un mormânt tumular, construit din lespezi de

---

[10] Dumiru Berciu, *Arta traco-getică*, Editura Academiei Republicii Socialiste Romănia, Bucureşti, 1969, p. 78

[11] Dumiru Berciu, *Arta traco-getică*, Editura Academiei Republicii Socialiste Romănia, Bucureşti, 1969, p. 81

[12] Apotropaic - care are calitatea magică de a-l feri pe purtător de rele.

piatră, ce poseda un bogat inventar de obiecte realizate din metal preţios, în special din argint.

Pe parcursul săpăturilor de salvare s-au găsit foarte puţine piese, în schimb majoritatea obiectelor furate au fost recuperate.

Mormântul era de inhumaţie (în această perioadă practicile funerare sunt birituale – întâlnim atât morminte de inhumaţie cât şi de incineraţie), avea două camere funerare şi un culoar de acces. Din camera principală (care, după majoritatea opiniilor a aparţinut unui bărbat) provin obiectele cele mai de preţ: un coif de argint aurit, două cnemide şi două pocale; încăperea secundară adăpostea rămăşiţele unei femei, din ansamblul funerar mai face parte o a treia încăpere, realizată tot din piatră, aici s-au găsit rămăşiţele a trei cai sacrificaţi cu ocazia funeraliilor.[13]

S-a stabilit datarea complexului la începutul secolului al IV-lea a.Chr., acest lucru a fost înlesnit de prezenţa în *situ* a pieselor de ceramică grecească cu figuri roşii[14].

Coiful (Fig.3.a.) este lucrat din argint, are deschizătura feţei dreptunghiulară, în zona frontală se află redaţi doi ochi cu sprâncene groase, calota este înaltă, iar obrăzarele şi apărătoarea de ceafă sunt bogat decorate.

Pe fiecare obrăzar al coifului se află un călăreţ înarmat cu lance, are capul descoperit, barba scurtă, braţele şi picioarele îmbrăcate în zale, iar trupul îi este acoperit cu o cămaşă de solzi metalici.

Apărătoarea de ceafă este decorată cu doi călăreţi, diferenţele dintre ei sunt nesemnificative[15]. Războinicii nu sunt aşezaţi faţă în faţă, nu este vorba de o confruntare, este posibil să fie reprezentat un grup plecat la război, la vânătoare sau un singur personaj ilustrat în patru cadre.

Cnemidele (Fig.3.b., Fig.3.c.), două la număr, sunt confecţionate din argint. Cnemida Nr.1 (piesă de armură

---

[13] Dumitru Berciu, *Mormântul „princiar" de la Agighiol şi unele probleme ale artei traco-getice*, în *Pontica*, 2, 1969, p. 172
[14] Mihai Gramatopol, *Studia III*, Editura Transilvania Expres, Braşov, 2008, p. 97
[15] Dumiru Berciu, *Arta traco-getică*, Editura Academiei Republicii Socialiste Românía, Bucureşti, 1969, pp. 40-45

realizată pentru protejarea piciorului drept) are porțiunea
care acoperă genunchiul stilizată sub forma unui cap uman
– personajul are coafura redată prin cârlionți, la urechi
poartă cercei, iar la gât două coliere, unul este compus din
mici amfore, cel de al doilea este semicircular. Decorul de
pe latura dreaptă a cnemidei reprezintă un călăreț fără
barbă, el este îmbrăcat în zale și are în mâna stângă un arc;
mai jos, apare redat un alt personaj masculin care stă pe un
tron (el este asemănător la chip și la costumație cu cel din
cadrul precedent), ține în mâna dreaptă un rhyton, iar în
stânga un vultur. Pe cealaltă parte a cnemidei motivul
diferă, întâlnim o pasăre cu cioc ascuțit, creastă și gât lung.
De pe două protuberanțe aflate în partea superioară a
piesei coboară pe ambele părți o pereche de șerpi cu ochi
rotunzi, gura deschisă și limba trifurcată; aceștia sunt
afrontați călărețului și ciudatei pasări cu gâtul lung
(Fig.3.b.)[16].

Cnemida Nr. 2 (realizată pentru piciorul stâng), la fel
ca perechea ei, are partea superioară sub forma unui chip
uman, diferența constă în faptul că obrajii chipului sunt
acoperiți cu linii aurite. De pe corpul jambierei metalice se
desfășoară perechea de șerpi, ei coboară pe lângă ciocul
aceleiași pasări cu gât lung (Fig.3.c.)[17].

În componența tezaurului intră și două pocale, ele sunt
confecționate din argint și sunt bogat decorate cu scene
zoomorfe.

Primul pocal (Fig.3.d.) are sub buză o cunună formată
din capete de vulturi, mai jos este redat un șir de animale,
dintre care cel mai important este vulturul cu corn (acesta
ține în cioc un pește, iar în gheare un iepure). Cornul este
foarte lung, pornește de deasupra ciocului și se prelungește
către spate, ghearele sunt mult exagerate, coada și penele
în schimb sunt redate realist. Lângă capul său se găsește un
alt vultur de dimensiuni mai mici, acesta prezintă aceleași
trăsături cu cel descris anterior, diferența constă în lipsa
cornului. De la stânga spre dreapta se succed trei animale:
un țap cu barbă dublă (care are un ciudat smoc de păr pe

---

[16] *Ibidem*, pp. 46-48
[17] *Ibidem*, p. 48

spate), urmează un animal cu opt picioare[18] (acesta este o combinaţie între ţap şi cerb, are coarne mari, coamă, barba îi este reprezentată sub bot şi deasupra botului, iar pe spate posedă un smoc de păr similar cu cel al ţapului); şirul de animale este încheiat de un cerb redat realist.

Pe fundul vasului este înfăţişat un grifon care prinde în gheare un porc sălbatic, iar în gură ţine un picior de mamifer.

Al doilea pocal (Fig.3.e.) este decorat într-o manieră asemănătoare cu primul, aici personajul central este animalul cu opt picioare, acesta are coarne mari (de cerb), barba de această dată nu mai este dublă, este reprodusă corespunzător, de asemenea, lipseşte şi smocul de pe spate. Spre dreapta se găseşte un cerb cu trăsături realiste, în continuare se află reprezentat un ţap realist redat şi el[19].

Pe fundul vasului întâlnim din nou grifonul care ţine în gheare un porc mistreţ, prădătorul nu are colţi proeminenţi şi, de data aceasta, nu ţine nimic în gură.

În aceeaşi locaţie au fost descoperite piese de harnaşament, deosebit de interesantă este aplica destinată pentru fruntea calului, ea reprezintă un cap de grifon[20] cu ciocul încovoiat.

Tezaurul de la Peretu

Cu ocazia lucrărilor agricole efectuate în toamna anului 1970 s-au descoperit mai multe obiecte de valoare în zona satului Peretu, aflat în apropiere de cetatea getică de la Albeşti.

Arheologul Emil Moscalu a realizat o săpătură de salvare, demersul ştiinţific a făcut posibilă cercetarea unui mormânt tumular în care se afla înhumat un reprezentant de seamă al aristocraţiei getice. Complexul funerar era compus din două camere: în prima se aflau rămăşiţe umane şi ofrande, în cea de a doua cameră pe lângă un car

---

[18] Dumiru Berciu, *Arta traco-getică*, Editura Academiei Republicii Socialiste România, Bucureşti, 1969, pp. 54-55
[19] *Ibidem*, pp.55-57
[20] *Ibidem*, p.59

cu patru roţi s-au descoperit şi animale sacrificate ritual, este vorba de doi cai, doi câini de vânătoare şi un bovideu.[21]

Din inventarul mormântului făceau parte mai multe obiecte făurite din argint parţial aurite: un coif, o piesă antropomorfă, mai multe fiale, aplice vestimentare şi de harnaşament[22].

Coiful (Fig.4.a.) este asemănător cu cel descoperit la Agighiol, calota este conică, deschizătura feţei dreptunghiulară, ornamentaţia din zona frontală redă doi ochii mari cu privire pătrunzătoare şi sprâncene groase. Obrăzarele sunt decorate cu teme iconografice asemănătoare cu cele de pe cupele de la Agighiol – pe cel drept se găseşte vulturul cu corn care ţine în cioc un peşte şi în gheare un iepure (Fig.4.b.), pe obrăzarul stâng este reprodus ţapul cu barbă dublă, apărătoarea de ceafă este împodobită cu trei cerbi redaţi într-o manieră realistă[23].

O piesă interesantă este capul de femeie realizat din placă de argint aurit, părul îl are redat în formă de spirală, iar la gât poartă un colier compus din mici amfore. Se presupune că ar fi vorba de un vas de tip rhyton (Fig.4.c.).

Pe baza întregului inventar s-a stabilit că mormântul datează de la jumătatea secolului al IV-lea a.Chr.

Tezaurul de la Craiova

Obiectele (exclusiv aplice de harnaşament) reduse ca dimensiune şi confecţionate din argint, uneori aurit, înfăţişează reprezentări zoomorfe puternic stilizate, cum ar fi: feline, grifoni, capete de cai, de păsări răpitoare şi şase capete de taur redate realist – dintre care cinci exemplare sunt aurite şi au un simbol solar gravat pe frunte (Fig.7.b.); mai întâlnim un cap de cerb şi o aplică frontală în formă de grifon cu cap de leu.[24]

---

[21] Mihai Gramatopol, *Studia III*, Editura Transilvania Expres, Braşov, 2008, p. 104

[22] *Ibidem*, pp. 104-105

[23] *Ibidem*, p.178

[24] Dumiru Berciu, *Arta traco-getică*, Editura Academiei Republicii Socialiste România, Bucureşti, 1969, pp. 125-133

Comoara şi-a câştigat denumirea de „tezaurul de la Craiova", cu toate că data şi locul descoperirii au rămas necunoscute. Ea a fost achiziţionată de la un negustor de antichităţi din Craiova şi găzduită de Muzeul din Berlin până în 1926. Piesele au făcut obiectul unei tranzacţii ilicite, desfăşurată înainte sau în timpul primului război mondial şi au fost retrocedate statului român de către Germania, ca despăgubire de război, potrivit condiţiilor stipulate în Tratatul de Pace de la Versailles.[25]

Conform reputatului istoric Dumitru Berciu, rigiditatea corpurilor şi terminaţiile sub formă de protome de cai reprezintă detalii caracteristice artei tracice; aceste lucruri denotă faptul că originea tezaurului este locală, iar datarea bazată pe analogii aparţine secolului al IV-lea a.Chr.

Aplice similare cu cele din componenţa acestui tezaur se află în colecţiile Metropolitan Museum din New York.

Coiful de la *Institutul de Artă* din Detroit

La Institutul de Artă din Detroit se află un coif cu calota înaltă (Fig.5.), confecţionat din argint, forma şi decoraţia lui dezvăluie că este de tip getic. Se cunoaşte faptul că piesa a făcut parte dintr-o colecţie vieneză, numită colecţia Trau, nu se ştie cum a ajuns în aceasta, cert este că de aici a trecut în posesia muzeului din Statele Unite ale Americii.[26]

Locul descoperirii nu poate fi precizat cu exactitate, se presupune că ar face parte dintr-un tezaur descoperit în zona Porţilor de Fier; obiecte asemănătoare s-au găsit la Coţofeneşti şi în mormintele de la Agighiol şi Peretu.

Pe fruntea coifului este întâlnită privirea pătrunzătoare a celor doi ochi cu sprâncene stufoase, imaginea unui ţap împodobeşte obrăzarul stâng, iar pe cel drept se găseşte vulturul cu corn, care ţine în cioc un peşte şi în gheare un iepure[27]. Apărătoarea de ceafă este împărţită în două registre, ambele sunt împodobite cu motive vegetale.

---

[25] *Ibidem,* p. 110
[26] Dumiru Berciu, *Arta traco-getică*, Editura Academiei Republicii Socialiste Romănia, Bucureşti, 1969, p. 83
[27] *Ibidem,* pp.83-86

Datarea complexului funerar de la Agighiol relevă că piesa de la Detroit aparţine începutului de secol IV a.Chr[28].

Pocalul de la *Metropolitan Museum* din New York

Despre acest pocal de argint (Fig.8.a.) se spune că a fost descoperit undeva în zona Porţilor de Fier, la fel ca şi coiful prezentat mai sus.

Piesa a intrat în atenţia cercetătorilor după ce a apărut în cadrul expoziţiei de artă eurasiatică din Viena, desfăşurată în anul 1934, atunci făcea parte din colecţia Trau.[29]

Pocalul este similar ca formă şi decor cu cele două descoperite la Agighiol (decorul este aproape identic): reîntâlnim vulturul cu peşte în cioc şi iepure în gheare, pasărea mai mică care stă afrontată, animalul hibrid cu opt picioare (din coarnele sale porneşte o cunună ce are forma unor capete de vulturi – aceasta înconjoară partea superioară a vasului), de asemenea, apare şi ţapul cu barbă dublă care are ciudate smocuri de păr pe trup, alături de el se află un cerb.

Fundul vasului este decorat cu un animal fantastic, acesta prinde în gheare un mistreţ, iar în gură ţine un picior de erbivor.[30]

Rhytonul de la Poroina

A fost descoperit la sfârşitul secolului al XIX-lea în comuna Poroina Mare din judeţul Mehedinţi, se afirmă că a fost găsită în mâlul de pe marginea Dunării.[31]

Acest tip de vas era utilizat în special în ceremoniile religioase, rhytonul de la Poroina (Fig.9.a.) este confecţionat din argint, parţial aurit şi terminat cu o protomă de bovideu (capului îi lipsesc coarnele). Simbolul solar de pe capul animalului este similar cu cel de pe

---

[28] *Ibidem*, p. 88
[29] Mihai Gramatopol, *Studia III*, Editura Transilvania Expres, Braşov, 2008, p. 187
[30] *Ibidem*, p. 187
[31] *Ibidem*, p. 122

fruntea celor cinci tauri auriţi din „tezaurul de la Craiova”, sub botul taurului se află un orificiu pentru scurgerea lichidului din interior.[32] Pe recipient sunt redate două femei (reprezentate în două cadre), una stă aşezată pe un tron, părul îi ajunge până la umeri şi este îmbrăcată cu o haină lungă, în mâna dreaptă ţine un rhyton identic cu cel descoperit, iar în stânga are o fială. A doua femeie stă în picioare cu o mână ridicată şi cu cealaltă aşezată în zona abdomenului.

Datarea piesei a întâmpinat unele dificultăţi, deoarece nu s-a stabilit cu exactitate contextul arheologic în care a fost găsită, totuşi, după Dumitru Berciu, decoraţia de pe rithon şi analogia cu tezaurul de la Panaghiurişte arată că vasul datează de la sfârşitul sec. al IV-lea sau începutul sec. al III-lea a.Chr.

Cupa din colecţia doctorului Severeanu

În această colecţie se găseşte un vas de argint descoperit într-un loc necunoscut de pe teritoriul ţării noastre, pe suprafaţa lui sunt reprezentaţi doi călăreţi despărţiţi de o rozetă, aceştia poartă armuri, iar cu mâna dreaptă ţin hăţurile cailor.[33]

*

În Bulgaria s-au descoperit tezaure de aur şi argint aparţinând geţilor, tribalilor şi tracilor odrisi. Cele mai importante descoperiri au avut loc la Letniţa, Vraţa, Lukovit, Rogozen şi Panaghiurişte. Compararea pieselor de toreutică din arealul locuit de geţi cu cele provenite de la tracii vecini este importantă pentru a stabilii relaţiile culturale şi influenţele pe care le exercitau unii asupra celorlalţi, şi pentru a releva gradul de iradiere culturală venit dinspre lumea elenistică şi scitică.

---

[32] Dumiru Berciu, *Arta traco-getică*, Editura Academiei Republicii Socialiste Română, Bucureşti, 1969, p 155
[33] Ion Horaţiu Crişan, *Spiritualitatea geto-dacilor*, Editura Albatros, Bucureşti, 1986, p. 233

Tezaurul de la Letniţa

În 1963, cu ocazia săpăturilor agricole desfăşurate pe teritoriul localităţii Letniţa din regiunea Loveci (Bulgaria), a fost descoperit un vas de bronz în interiorul căruia se aflau 25 de plăcuţe de argint. Piesele au fost confecţionate de către un meşter local în secolul al IV-lea a.Chr şi sunt decorate într-un stil primitiv cu imagini antropomorfe şi zoomorfe.[34]

Pe majoritatea plăcuţelor este reprezentat un călăreţ îmbrăcat în armură, acesta foloseşte ca armă o lance, o dată ţine în mână un vas şi o dată apare într-o scenă erotică alături de o femeie. Unele plăcuţe sunt împodobite cu personaje feminine aflate în compania unor monştri, altele cu animale puternice care se luptă între ele sau cu prădători care atacă erbivore.

Centura de la Loveţ

În localitatea Loveţ a fost descoperită o centură confecţionată din argint aurit (Fig.12.), are 31 de cm şi este decorată cu două scene aproape identice. Personajul principal este un călăreţ imberb, cu capul descoperit şi părul tuns scurt, el este însoţit la vânătoare de un arcaş care poartă o bonetă sau un coif, animalul hăituit este un mistreţ. Scena este redată şi pe partea stângă a centurii, piesa datează din secolul al IV-lea a.Chr.[35]

Tezaurul de la Vraţa

Lângă oraşul Vraţa, aflat în nord-vestul Bulgariei, a fost descoperit în 1965 un mare tumul funerar (acesta poartă numele „Mogilanska Mogila”), complexul datează din secolul al IV-lea a.Chr. şi este format din trei morminte. Inventarul este bogat, pe lângă schelete umane şi animale s-au găsit bijuterii de inspiraţie elenistică care aparţineau unei prinţese – este vorba de o coroană de lauri

---

[34] Sorin Nemeti, *Zei cavaleri în spaţiul nord-balcanic (sec. V a.Ch. – I p.Ch.)*, în Ephemensis Napocensis, IX-X, 1999-2000, p. 110

[35] *Ibidem*, p. 111

confecţionată din aur şi cercei din acelaşi metal.[36] Din complex provine o cnemidă de argint aurit (Fig.13.a.) şi un vas frumos decorat.

Cnemida este similară cu cele descoperite la Agighiol, aceasta are partea care protejează genunchiul sub forma unui cap uman (personajul are pe frunte un vrej de iederă, obrazul drept este decorat cu linii aurite, iar gâtul îi este împodobit cu un colier ale cărui capete au forma unor lei)[37]. Pe vas este reprezentată o scenă în două cadre (Fig.13.b.) – un bărbat imberb, cu capul descoperit, care poartă o cămaşă de zale cu mâneci scurte, conduce o trăsură trasă de patru cai, vehiculul este unul fantastic, deoarece este înzestrat cu aripi.

Tezaurul de la Rogozen

În satul Rogozen (districtul Vraţa) a fost găsit un tezaur, despre care se presupune că a fost ascuns de tracii tribali (există unele relatări istorice cu privire la o expediţie în Tracia a lui Filip al II-lea, care traversând teritoriul tribalilor a pierdut în urma unei confruntări cu aceştia o bună parte din prada de război ce o căra cu el, prada provenea din vistieria odrisilor). Comoara cântăreşte 20 Kg şi a fost ascunsă în două gropi aflate una lângă alta, este compusă din 165 de vase de argint[38]. Cele mai numeroase vase sunt fiale, restul sunt boluri, căni şi pocale; unele dintre ele au fost decorate cu ornamente geometrice şi motive vegetale, iar altele cu animale şi zeităţi[39].

Pe un pocal găsim un tablou familiar: un vultur cu corn ţine în cioc un peşte şi un iepure în gheare, înaintea lui se găseşte un şir de animale, printre care se află animalul cornut cu opt picioare, cerbul şi ţapul cu barbă dublă. Pe fundul vasului vedem cum un animal răpitor atacă un

---

[36] Manfred Oppermann, *Tracii. Între Arcul Carpatic şi Marea Egee,* Editura Militară, Bucureşti, 1988, p. 125

[37] *Ibidem*, p. 126

[38] Mihai Gramatopol, *Studia III*, Editura Transilvania Expres, Braşov, 2008, p. 194

[39] *Ibidem,* p. 159

mistreţ (Fig.14.h., Fig.14.i.)[40] (trei pocale similare ca formă şi decor au fost descoperite pe teritoriul României).

Pe una din căni are loc o vânătoare cu suliţe (Fig.14.b.), animalul hăituit este un mistreţ uriaş, mai multe vase sunt decorate cu personaje feminine, ipostazele în care se găsesc dezvăluie natura lor divină.

O zeitate înaripată ţine de labele din faţă două animale ce par a fi câini ori feline mari (Fig.14.c., Fig.14.g.), un alt personaj feminin stă călare pe un leu, zeiţa ţine în mâna stângă un arc şi o săgeată, iar mâna dreaptă o are aşezată după gâtul animalului (Fig.14.a.). Pe un alt vas (Fig.14.d.) se află reprezentate două trăsuri trase de câte patru cai înaripaţi, într-una din ele se află o zeiţă cu părul lung, ea are în mâna dreaptă o ramură, iar în stânga un vas – vehiculul este condus tot de un personaj feminin. În altă scenă (de pe acelaşi vas) întâlnim din nou trăsura trasă de cai înaripaţi, dar, de această dată, pasagerul are părul mai scurt, ondulat, ţine în mâini un arc şi o săgeată[41].

Pe celelalte recipiente sunt ilustrate mituri greceşti: pe un vas apare povestea lui Belerfon care înfruntă Himera, iar pe o fială este recreată răpirea prinţesei Auge de către Heracle.[42]

Acest bogat tezaur a fost datat ca aparţinând celei de a 2-a jumătăţi a secolului al IV-lea a.Chr.

Tezaurul de la Lukovit

Tezaurul este compus din aplice, fiale, vase şi căni din argint, datează din a doua jumătate a secolului al IV-lea a.Chr. Pe două dintre aplice este reprezentat un călăreţ imberb, cu părul cârlionţat, îmbrăcat după moda grecească şi înarmat cu lance, la picioarele calului se află un leu pe care războinicul-vânător se pregăteşte să-l ucidă[43] (Fig.11.a.).

---

[40] *Ibidem*, p.196

[41] Ivan Marazov, *The Rogozen Tresure*, SVYAT Publishers, Sofia, 1983, pp. 88-104

[42] Mihai Gramatopol, *Op.cit.*, pp. 197-198

[43] Sorin Nemeti, *Zei cavaleri în spaţiul nord-balcanic (sec. V a.Ch. – I p.Ch.)*, în Ephemensis Napocensis, IX-X, 1999-2000, p. 113

Cnemida de la Golyamata Mogila

Golyamata Mogila este un tumul situat între satele Zlatinitsa şi Molomirvo din regiunea Yambol (Bulgaria), complexul funerar a fost descoperit în 2005 şi a fost datat de Daniela Agre ca aparţinând secolului al IV-lea a.Chr., aici a fost înmormântat un rege trac din marele şi puternicul trib al odrisilor.[44] Din inventarul mormântului făceau parte mai multe obiecte de inspiraţie elenistică, cum ar fi o coroană din aur ce imită frunzele de laur şi un coif de bronz. S-au găsit şi piese specifice lumii tracice: aplice de harnaşament, două rhytoane de argint cu protomă de erbivor şi o cnemidă tot din argint[45].

Cnemida (Fig.15.) are analogii cu piese similare descoperite în mormintele cu tumul de la Agighiol (Fig.3.b., Fig.3.c.) şi Vraţa (Fig.13.a.), modul de execuţie şi iconografia sunt aproape identice. Porţiunea care îmbracă genunchiul are forma unui cap uman, părul personajului este redat prin bucle, la gât poartă un colier compus din mici amfore şi un torques. Corpul cnemidei este împodobit cu scene mitologice, pe latura stângă (în partea de sus) apare un călăreţ imberb îmbrăcat într-o armură de zale, acesta ţine în mâna dreaptă un rhyton cu protomă de cerb, sub el apar două personaje umane: unul stă pe tron (ţine în mâini un vas şi un obiect lung), iar celălalt (postat în spatele tronului) stă în picioare şi întinde mâinile în semn de protecţie. Este posibil ca scena să reprezinte o investitură, ea aminteşte de reprezentările întâlnite pe cnemida 1 de la Agighiol, pe coiful de la Băiceni şi pe rhytonul de la Poroina.

Pe latura opusă, în registrul superior, apare un centaur, acesta ţine în mâna stângă un iepure, sub el, într-o secvenţă separată, este redat un vultur ce are în gheare un iepure. Pasărea aminteşte de vulturul cu corn, dar aici cornul nu mai apare, lipseşte şi peştele care era purtat în cioc, iar iepurele este văzut de sus, nu din profil.

---

44 http://thracian-art.artstudies.bg/?p=item&id=333, 10 mai 1013
45 http://www.vesti.bg/?tid=40&oid=757991

De pe două protuberanţe aflate în partea superioară, pe ambele părţi ale cnemidei coboară o pereche de şerpi, aceştia sunt afrontaţi călăreţului şi centaurului. La baza cnemidei se întâlneşte ca simbol decorativ – un vrej de iederă.

Tezaurul de la Panaghiurişte

În anul 1949, trei fraţi care săpau după lut în incinta unei fabrici de ceramică au găsit întâmplător un set de vase extraordinar de frumos lucrate şi confecţionate în totalitate din aur[46]. Trei recipiente au formă tipică de corn de taur şi se termină în partea inferioară cu o protomă de animal (cerb şi oaie), trei au aspectul unui cap de femeie, toate au mânere stilizate sub formă de lei şi sfincşi. Un vas mare cu toartele modelate sub forma unor centauri avea dublă funcţie – de amforă şi de rhyton, pe fundul său fiind amplasate orificiile prin care se scurgea lichidul. Ultimele piese ale setului sunt un rhyton lung (ce se termină cu un trunchi de ţap) şi un platou pe care sunt reprezentate capete umane.[47] Tezaurul are o valoare artistică deosebită, reprezintă cea mai importantă descoperire provenită din perioada dominaţiei macedonene, decorul înfăţişează scene din mitologia greacă, a fost realizat de un profesionist într-un polis grecesc, poate la comanda unui membru al aristocraţiei tracice.[48] Aceste vase au avut o funcţie rituală, ele fiind folosite în ceremonii cu caracter religios.

*

Cu privire la arta getică, este sesizabilă o orientare culturală spre puternicul stat Odris, sub a cărui influenţă se aflau, în secolele V-IV a.Chr., regiunile aflate între Dunăre şi Munţii Balcani. Împrumuturile culturale venite prin filiera coloniilor greceşti, din stepele nord pontice şi de la

---

[46] Georgi Kitov, *The Panagyurishte Treasure*, Editura „Slavena", 2003, p. 4

[47] *Ibidem*, pp. 10-12

[48] Manfred Oppermann, *Tracii. Între Arcul Carpatic şi Marea Egee*, Editura Militară, Bucureşti, 1988, pp. 152-154

tracii vecini au fost prelucrate şi adaptate nevoilor societăţilor locale.

Arta reprezentată pe obiectele de metal preţios provenite din tezaurele descoperite la nord şi la sud de Dunăre, datate între secolele al V-lea şi al III a.Chr., a fost numită traco-getică, considerată autohtonă şi originală[49].

Acestei perioade şi acestui spaţiu geografic îi sunt specifice piesele de prestigiu, precum coifurile şi cnemidele din metal preţios, ele sunt decorate cu personaje umane şi animale. De asemenea, s-au găsit şi cupe frumos ilustrate, utilizate în acte de cult.

Metalul preferat era argintul, există şi obiecte din aur, dar numărul lor este mai mic.

Toate aceste superbe produse ale toreuticii autohtone au aparţinut unei bogate aristocraţii care le-a purtat şi care le-a folosit cu mândrie. Avem aici o mitologie sculptată în metal, ale cărei poveşti sunt spuse prin imagini şi ale cărei personaje sunt eroi, divinităţi şi monştri.

---

[49] Dumiru Berciu, *Arta traco-getică*, Editura Academiei Republicii Socialiste România, Bucureşti, 1969, p. 7

Capitolul 2

DESCOPERIRI ARHEOLOGICE APARŢINÂND SECOLELOR I a.Chr.-I p.Chr.

Tezaurele geto-dacice care datează din ultimele două secole dinaintea cuceririi Daciei de către romani sunt cunoscute în literatură sub denumirea de tezaure geto-dacice târzii.

Pe întreg cuprinsul României au fost descoperite brăţări, fibule, coliere, vase de băut, cercei şi inele din metal preţios aparţinând secolelor I a.Chr.-I p.Chr.

Descoperirile reprezentative de piese metalice cu decor figurativ din perioada Regatului Dac, sunt:

Tezaurul de la Bălăneşti

În timpul lucrărilor agricole efectuate în 1964 pe raza satului Bălăneşti (comuna Mărunţei, judeţul Olt) s-a descoperit întâmplător o urnă dacică care conţinea rămăşiţe incinerate umane şi podoabe de argint (în această perioadă nu se mai regăseşte ritul inhumaţiei, toate mormintele descoperite sunt de incineraţie). Tezaurul este compus din două brăţări, un colier şi două fibule.[50]

Ornamentaţia de pe fibule redă un chip uman, care are părul pieptănat cu cărare pe mijloc şi împletit în două codiţe.

Tezaurul de la Bucureşti-Herăstrău

Într-o carieră de nisip, de pe teritoriul fostului sat Herăstrău, s-a descoperit în 1938 un tezaur compus din două falere (Fig.17.), cinci brăţări şi o cupă. Pe falere este reprezentat un personaj cu chip rotund, ochi mari şi gât scurt; părul îl are împletit în două codiţe stângaci redate, iar la gât poartă şiraguri de mărgele. Trăsăturile personajului, redate grosolan, îl fac pe privitor să creadă că

---

[50] Ion Horaţiu Crişan, *Spiritualitatea geto-dacilor*, Editura Albatros, Bucureşti, 1986, p. 218

ar fi vorba de figura unui bărbat, dar pieptănătura şi costumul demonstrează că este de fapt o femeie.[51]

Tezaurul de la Coada Malului

În 1936, aproape de Vălenii de Munte (judeţul Prahova), s-a descoperit în condiţii necunoscute un tezaur de argint, din inventarul căruia făceau parte două fibule (Fig.18.) asemănătoare cu cele descoperite la Herăstrău şi Bălăneşti.[52]

Tezaurul de la Lupu

În anul 1978, în satul Lupu (comuna Cergău, din judeţul Alba), în timpul săpării unei gropi în cimitirul satului, a fost scos la lumină un vas de bronz în care se aflau două fibule, o cupă şi şapte falere de argint.[53]

Falerele sunt decorate cu reprezentări antropomorfe şi zoomorfe, pe una dintre ele este ilustrat un personaj feminin înaripat, flancat de două animale. Pe alte două falere este întâlnită o femeie care poartă o vestimentaţie asemănătoare cu prima, dar căreia îi lipsesc aripile, într-un cadru ea se află în compania unui animal, în altă situaţie apare reprezentată cu braţele ridicate la nivelul umerilor, în mâna dreaptă având un obiect lung, iar în cea stângă un vas.

Pe două piese apare un călăreţ imberb, cu capul descoperit, cu părul tuns scurt, acesta are mâna dreaptă ridicată (cu palma îndreptată în sus), iar în stânga ţine un scut mare, oval. Pe alte două falere este redată lupta dintre o pasăre şi un şarpe[54].

---

[51] Radu Florescu, *Arta dacilor*, Editura Meridiane, Bucureşti, 1968, p. 47

[52] Ion Horaţiu Crişan, *Spiritualitatea geto-dacilor*, Editura Albatros, Bucureşti, 1986, p. 220

[53] Ioan Glodariu, Vasile Moga, *Tezaurul dacic de la Lupu*, în „Ephemeris Napocensis", IV, 1994, p. 33

[54] *Ibidem*, pp. 36-41

Plăcuţa de bronz de la Polovragi

În cetatea de la Polovragi (din judeţul Gorj), al cărei ultim nivel de locuire aparţine secolului I a.Chr., a fost descoperită o plăcuţă dreptunghiulară din bronz, pe ea este redat un călăreţ cu barbă, mantia îi flutură în vânt şi este îmbrăcat cu pantaloni strimţi[55]. Călăreţul este flancat de două personaje îmbrăcate cu haine lungi, acestea au câte o mână ridicată spre el în semn de salut, adorare sau protecţie.

Pandantivul de aur de la Popeşti

Printre descoperirile efectuate de arheologi în cursul săpăturilor realizate în dava din satul Popeşti, comuna Mihăileşti, judeţul Ilfov, s-a găsit un pandantiv de aur pe care este redat un chip feminin, cu ochi rotunzi şi pomeţi proeminenţi.[56]

Placa de argint de la Cioara (astăzi Săliştea)

În vatra satului Săliştea din judeţul Alba, s-a descoperit în 1820 un tezaur, printre obiectele care au ajuns atunci la Muzeul de Artă din Viena se găsea şi o placă de argint aurit pe care erau redaţi într-o manieră primitivă doi luptători pedeştrii. Deoarece piesa este incompletă, doar unul dintre personaje poate fi analizat – acesta este imberb, înarmat cu o sabie prinsă la centură, mâna dreaptă o ţine la brâu, iar stânga o are ridicată deasupra capului[57]. Piesa are marginea perforată, acest lucru indică faptul că era fixată pe un perete.

Falerele de la Surcea

În 1934 pe teritoriul satului Surcea, comuna Brateş, judeţul Covasna, s-au descoperit uneltele unui argintar şi şase falere – două dintre ele sunt decorate cu motive

---

55 Ion Horaţiu Crişan, *Op.cit.*, p. 226

56 *Ibidem*, Loc.cit.

57 Ion Horaţiu Crişan, *Spiritualitatea geto-dacilor*, Editura Albatros, Bucureşti, 1986, p. 230

antropomorfe şi zoomorfe (Fig.16.), pe restul sunt redate motive vegetale.[58]

Prima faleră este de formă ovală, prezintă urme de aurire şi are dimensiunea de 10 cm. Călăreţul reprezentat pe ea ţine mâna dreaptă pe mânerul unei săbii lungi (aceasta stă prinsă la brâu), iar cu stânga apucă frâul calului. Bărbatul pare echipat cu armură, este imberb, are capul descoperit; deasupra lui se găseşte un vultur cu aripile deschise, iar la picioarele calului se află un câine.

Cea de a doua faleră are formă rotundă şi este împodobită cu un grifon cu cap de vultur.[59]

Scuturile de la Piatra Roşie

În anul 1949, arheologii au descoperit într-o clădire incendiată din cetatea de la Piatra Roşie, judeţul Hunedoara, un scut foarte deteriorat. Piesa, decorată cu un bour şi cu motive vegetale, a fost datată ca aparţinând secolului I p.Chr. Conform vechilor păreri, lângă bourul aflat în medalionul central ar mai fi fost reprezentată o felină din care s-au păstrat doar labele. Profesorul Gelu Florea, de la Universitatea Babeş Bolyai din Cluj Napoca, a constatat că în reconstituirea piesei au fost folosite fragmente de la două scuturi diferite, de asemenea, domnia sa a optat pentru forma rotundă în detrimentul celei ovale. Recent, după retrocedarea unor artefacte similare din străinătate, s-a confirmat faptul că Muzeul Naţional de Istorie a Transilvaniei are în colecţia sa fragmente din două scuturi, unul care are în centru bourul şi resturile unui alt scut, pe care se afla redat un leu sau un grifon cu trup de leu[60].

Patrimoniul naţional a fost reîntregit cu mai multe umbro de scut, acestea provin tot din cetatea de la Piatra Roşie, de unde au fost sustrase ilicit în urma săpăturilor neautorizate întreprinse de căutătorii de comori. Diametrul

---

[58] Radu Florescu, *Arta dacilor*, Editura Meridiane, Bucureşti, 1968, p. 46
[59] Ion Horaţiu Crişan, *Op.cit.*, pp. 231-232
[60] http://www.formula-as.ro/2012/1051/societate-37/comoara-dacilor-de-la-piatra-rosie-15947, 2 mai 2013

lor este de circa 40 cm şi au o greutate de 1,5 Kg fiecare, pe cele două scuturi (restituite de statul german – unde fuseseră comercializate) sunt reprezentaţi un zimbru şi un grifon. Zimbrul este redat din profil, în spate şi deasupra lui se desfăşoară o iederă lungă, grifonul are corp de leu, cap şi aripi de vultur[61] (Fig.20.).

Al treilea umbro este fragmentat, a ajuns prin donaţie la Muzeul Naţional de istorie a Transilvaniei din Cluj Napoca, are medalionul central împodobit cu imaginea unui leu, iar dedesubt apar două gâşte.

Alte două astfel de piese urmează să fie recuperate din străinătate (demersurile au început în anul 2013), ele prezintă aceeaşi concepţie iconografică, siluetele animalelor sunt, de asemenea, înfăţişate într-o manieră realistă, este vorba de încă un bour şi de un căprior.[62]

Marginile scuturilor sunt perforate cu orificii în care erau bătute cuie, obiectele înveleau scuturi din lemn sau erau fixate pe un suport, dispuse într-o anumită ordine şi expuse într-un edificiu. În urma unor evenimente, probabil în timpul războaielor daco-romane din 101-102 şi 105-106, ele au fost scoase din încăperea în care se aflau şi ascunse într-o groapă din apropiere. Se crede că reprezintă simboluri heraldice cu o însemnătate deosebită, poate chiar de cult, şi pentru a nu cădea în mâna duşmanilor, au fost ascunse[63].

Gelu Florea este de părere că:

> „Aceste piese, considerate ca fiind învelişul din fier al unor scuturi ceremoniale din lemn, au fost, de fapt, discuri fixate cu ajutorul unor ţinte în interiorul unui edificiu aflat în incinta a doua a cetăţii de la Piatra Roşie. Este vorba, după toate indiciile, de un edificiu de cult şi, în consecinţă, discurile par a fi fost implicate în activităţi rituale (ofrande sau imagini asociate cultului?). O asemenea ipoteză este susţinută de abundenţa

[61] http://www.romaniapozitiva.ro/featured/noile-piese-dacice-adaugate-la-tezaurul-istoric-al-romaniei/ , 10 mai 2013

[62] http://www.formula-as.ro/2012/1051/societate-37/comoara-dacilor-de-la-piatra-rosie-15947, 10 mai 2013

[63] *Ibidem, Loc. cit.*

reprezentărilor animaliere în arta dacică din regiune şi de predilecţia pentru anumite specii, încărcate foarte probabil cu o semnificaţie simbolică puternică"[64].

Brăţările de aur şi de argint

Din situl arheologic de la Sarmizegetusa Regia au fost sustrase în mod ilicit în anul 2000 circa 24 de brăţări de aur, dintre acestea au fost recuperate 12, greutatea lor este de aproximativ 1 Kg fiecare. Semnătura chimică se potriveşte cu cea a aurului din Transilvania, ele au fost datate ca aparţinând secolului I a.Chr.[65], au formă de spirală, iar extremităţile sunt aplatizate şi au aspectul unor capete de şerpi. Erau podoabe specifice statutului social şi religios, probabil au fost ascunse în timpul războaielor daco-romane.

Se cunosc mai multe astfel de obiecte realizate din aur şi argint, majoritatea provin din interiorul arcului carpatic.

Matriţa de la Sarmizegetusa Regia

Un loc foarte important între descoperirile arheologice îl ocupă matriţa de bronz (Fig.25., Fig.26.) descoperită în anul 2013 în Munţii Orăştiei, la Sarmizegetusa Regia („cea Regală" – capitala politică, economică şi religioasă a Daciei).

Matriţa este o piesă de 8 kg, are forma unui hexagon şi posedă pe toate laturile elemente de decor redate în negativ. Cu o astfel de matriţă se ornamentau foi subţiri din metale preţioase. Imprimarea motivelor se făcea prin presarea foiţelor în interiorul modelului, cu ajutorul unor unelte realizate din materiale moi (lemn sau cupru).[66]

---

[64] Gelu Florea şi alţii, *Când viaţa cotidiană devine patrimoniu UNESCO - Incursiuni dacice în spaţiul virtual*, Edit. Only One, Cluj-Napoca, 2016, pp. 146-147

[65] http://www.realitatea.net/dacii-erau-plini-de-aur-potrivit-unui-nou-studiu-asupra-bratarilor-dacice_795013.html, 10 mai 2013

[66] http://www.mcdr.ro/expozitii-si-evenimente/item/721-matrita-din-bronz-de-la-sarmizegetusa#itemImageGalleryAnchor

Reprezentările de pe matriță redau animale reale și fantastice: grifoni, tauri, zimbri, cerbi, lei, leoparzi, elefanți, rinoceri și hipopotami. Matrița reprezintă unealta cea mai importantă a unui bijutier, deși este foarte probabil să fie originară din lumea greco-romană (nu se exclude nici proveniența din Orientul Apropiat sau din zona nord-pontică), ea a fost folosită pe teritoriul Daciei pentru a produce piese de decor pentru echipament, ornamente pentru casete și pentru mobilier.[67]

Falerele de la Galice

Din inventarul tezaurului descoperit în regiunea Orianovo (Bulgaria) fac parte două falere rotunde, confecționate din argint – una dintre ele are ca ornament chipul unei femei cu părul lung, împletit în cozi, un colier înalt îi îmbracă gâtul, doi porumbei stau așezați pe umerii ei (Fig.21.).

Pe cealaltă faleră apare un călăreț fără barbă, acesta are capul descoperit, este îmbrăcat cu o mantie care flutură în bătaia vântului, nu se observă a fi înarmat cu nici un fel de armă.

Falerele datează din secolul I a.Chr.[68]

Tezaurul de la Iakimovo

În anul 1972 a fost descoperit în Bulgaria un tezaur compus din 10 piese de argint – vasele, falerele și brățările au fost datate ca aparținând secolului I a.Chr. În componența tezaurului se găsesc două falere ornamentate cu figuri umane, pe una din ele apare o femeie înaripată, cu chipul rotund, părul îi ajunge până la umeri, iar în mâna dreaptă ține un vas. În același stil stângaci, pe peretele unei cupe conice deteriorate este redat un călăreț imberb, acesta poartă la brâu o sabie lungă.[69]

---

[67] Gelu Florea și alții, *Când viața cotidiană devine patrimoniu UNESCO - Incursiuni dacice în spațiul virtual*, Editura Only One, Cluj-Napoca, 2016, p. 148

[68] Ion Horațiu Crișan, *Spiritualitatea geto-dacilor*, Editura Albatros, București, 1986, p. 234

[69] *Ibidem*, p.235

*

Piesele descoperite la Galice şi Iakimovo demonstrează că în secolul I a.Chr. exista un curent artistic similar pe ambele maluri ale Dunării.

Arta geţilor şi a dacilor a fost împărţită în două perioade, primei perioade, cea a secolelor V-III a.Chr., îi sunt specifice piesele de prestigiu şi de harnaşament, iar pentru secolele I a.Chr.-I p.Chr. sunt caracteristice obiectele ceva mai sobre, marea lor majoritate fiind confecţionate din argint.

Între cele două perioade există un hiatus, deoarece, în secolul III a.Chr., celţii invadează Europa de Est şi Grecia, ajungând până în Asia Minor. Evenimentele care au avut loc în această parte a lumii s-au răsfrânt asupra civilizaţiei geto-dacice, care cunoaşte un vizibil regres; situaţia va dăinuii până când triburile autohtone îi vor alunga pe invadatorii celţi.

Capitolul 3

REPREZENTĂRI ARTISTICE DIN PERIOADA DE APOGEU A ARISTOCRAŢIEI GETICE

Pentru perioada cuprinsă între sfârşitul secolului al V-lea şi mijlocul celui de al III-lea a.Chr., descoperirile arheologice provin din morminte aristocratice şi din tezaure izolate, obiectele frumos decorate din componenţa lor sunt confecţionate din aur şi argint, aria lor de răspândire este din Balcani până la Munţii Carpaţi. Se observă o anume unitate geografică a pieselor şi o repetabilitate a imaginilor, reprezentările figurative apar doar pe coifuri, cnemide şi vase metalice (pe ceramica pictată din această epocă sunt întâlnite linii, elemente florale şi animale redate schiţat, lipsesc reprezentările umane).

COIFURILE ŞI MOTIVUL OCHILOR

Coifurile de tip getic sunt confecţionate din metale preţioase şi reprezintă o creaţie originală a meşterilor autohtoni. Au fost descoperite cinci astfel de coifuri (două de aur şi trei de argint) la Băiceni, Coţofeneşti, Agighiol, Peretu şi Porţile de Fier (acesta se află acum la *Institute of Art* din Detroit). Coifurile au deschizătura feţei dreptunghiulară (Fig.6.), calota înaltă, obrăzarele şi apărătoarea de ceafă bogat decorate cu motive antropomorfc şi zoomorfc. La patru dintre ele partea frontală este împodobită cu doi ochi expresivi, aceştia au sprâncenele mari şi răsucite (mai mult ca sigur şi cel de la Băiceni avea reprezentat acelaşi motiv artistic, dar, din păcate, este deteriorat exact în acea porţiune).

În multe culturi ochiul este simbol al înţelepciunii şi al clarviziunii, este asemuit cu Soarele, cu ochiul divinităţii care veghează[70] din înaltul cerului. În Egipt şi în Orientul

---

[70] Jean Chevalier, Alain Gheerbrand, *Dicţionar de simboluri*, vol. II, Editura Artemis, Bucureşti, 1995, p. 364

33

Apropiat are funcţie de talisman protector, iar în Grecia secolelor VI-V a.Chr., motivul ochilor era foarte popular, fiind întâlnit pe vase ceramice, mai apare pe *akinakesurile* scitice şi pe unele săbii din mediul tracic, se găseşte şi pe vasul descoperit la Mastiughino (regiunea Voronej din Rusia), datat ca aparţinând secolului al IV-lea a.Chr.[71]

În colecţiile Metropolitan Museum of Art se găseşte un aryballos (o ploscă mică din teracotă, specifică Greciei antice, care conţinea uleiuri aromate), piesa aparţine secolului VI a.Chr. şi are forma unui cap de războinic protejat cu un coif ionian. Coiful are zona frontală împodobită cu imaginea Medusei cu ochi mari[72]. După cum se ştie, ochii ei magici transformau pe ori cine în stană de piatră.

În epoca antică, chipul grotesc al Gorgonei Medusa era unul din decorurile favorite cu care se pictau scuturile, imaginea era folosită pentru intimidarea vrăjmaşilor.

Este inevitabilă paralela între ochii magici care pot împietri duşmanii şi simbolul ochilor de pe coifurile getice.

Pe sarcofagele din Egiptul antic se pictau ochi, iar faraonii îşi petreceau somnul de veci având chipul acoperit cu o mască mortuară din aur, rostul acestor obiecte funerare era acela de a-i permite celui trecut în nefiinţă să urmărească spectacolul lumii exterioare[73].

În lumea geţilor, acest motiv a fost interpretat ca având capacităţi apotropaice, de al proteja pe purtător, de a înlătura spiritele rele[74], explicaţia ni se pare simplistă, suntem de părere că înţelesul acestui simbol este mult mai profund.

Se cunoaşte faptul că în anumite culturi, regelui i se recunoştea naşterea terestră, dar în acelaşi timp era

---

71 Manfred Oppermann, *Tracii. Între Arcul Carpatic şi Marea Egee,* Editura Militară, Bucureşti, 1988, p. 129
72 https://www.metmuseum.org/art/collection/search/254246, 29 iulie 2021
73 Jean Chevalier, Alain Gheerbrand, *Dicţionar de simboluri*, vol. II, Editura Artemis, Bucureşti, 1995, p. 364
74 Mihai Gramatopol, *Studia III*, Editura Transilvania Expres, Braşov, 2008, p. 92

considerat fiul zeului (trimis pe pământ pentru a devenii păstorul poporului), această dublă descendenţă îl făcea intermediarul dintre zei şi muritori – el reprezenta comunitatea în faţa divinităţii.[75]

De la Strabon ştim că geto-dacii credeau că regele lor dădea porunci sfătuit de zei, conform spuselor istoricului Iordanes, la geţi – regele îndeplinea funcţiile de mare preot şi de judecător suprem. Teama pe care o aveau tracii faţă de supranatural, faţă de propriile divinităţi, este relatată de scriitorii antici: „Criton în Geticele spune «Prin înşelăciune şi magie, regii geţilor impun supuşilor lor teama de zei şi buna înţelegere şi dobândesc lucruri mari»"[76]; este cunoscută metoda lui Cosignas, rege peste două triburi tracice (de la sud de Dunăre) şi preot al zeiţei Hera, care îşi ameninţa supuşii, când deveneau recalcitranţi, că se va urca la cer pe o mare scară de lemn pentru a se plânge zeiţei de purtarea lor[77].

Completând spusele autorilor antici, despre geţi şi despre daci, cu analogii din istoria religiilor privind dubla descendenţă (umană şi divină) a regelui şi adăugând elemente din simbolismul ochiului – am concluzionat că regele, ca reprezentant al divinităţii, deţinea puterea militară, religioasă şi judecătorească, el poruncea „sfătuit" de zei, iar zeii prin ochii magici de pe coif „vedeau" dacă supuşii dau ascultare poruncilor. Oamenii îl vedeau pe zeu, iar în acelaşi timp zeul îi vedea pe oameni.

„Cel care are ochi", aceasta este denumirea pe care eschimoşii o dau şamanilor, deoarece aceştia au darul de a face profeţii, ei sunt cei care pot avea viziuni asupra viitorului[78]. În mentalitatea acelor vremuri, regele care îndeplinea şi funcţia de judecător, ajutându-se de perechea

---

[75] Mircea Eliade, *Istoria credinţelor şi ideilor religioase*, vol. I, Editura Univers Enciclopedic, Bucureşti, 2000, pp. 56-57

[76] Suidas, *sub voce*, la „teama de zei" apud Valeriu Sârbu şi Gelu Florea, *Imaginar şi imagine în Dacia preromană*, Editura Istros, Brăila, 1997, p. 24

[77] Polyainos, *Stratageme*, VII, 22, apud Vladimir Iliescu, Virgil C. Popescu, Gheorghe Ştefan, *Op.cit.*, p. 605

[78] Jean Chevalier, Alain Gheerbrand, *Op.cit.*, p. 362

de ochi magici de pe frunte, vedea adevărata natură a celui pe care îl privea, poate chiar era capabil „să-i vadă gândurile", „să i le citească". Deoarece pe părţile laterale ale coifului sunt reprezentate urechi, se poate considera că purtătorul poseda şi un „auz divin", el afla vinovatul şi depista repede minciuna, cu alte cuvinte regele nu putea fi minţit, pentru că el vedea şi auzea totul (asta credeau supuşii, era o metodă de control şi manipulare).

Aceşti ochi divini nu clipesc niciodată, veghează necontenit, văd totul (trecutul şi viitorul), sunt vigilenţi chiar şi în mormânt. Având în vedere că două din aceste piese au certă legătură cu ritul funerar (fiind găsite în tumuli), se deduce că purtarea lor era destinată şi pentru călătoria în lumea de dincolo, asemeni unei „măşti" funerare.

Coiful avea drept scop, în timpul vieţii basileului, să-i înfricoşeze pe supuşi cu ajutorul ochilor, iar după trecerea în lumea cealaltă, loc în care cel care ajungea trăia de a pururi[79], prin aceşti ochi veşnic deschişi, el îi căuta şi îi veghea pe cei lăsaţi în urmă, la care considera că se va reîntoarce[80].

În intervalul de timp scurs de la formularea acestei ipoteze şi până în prezent, am parcurs o lucrare scrisă de Rodica Ursu Naniu, intitulată *Limbajul mitic şi religios al artei princiare getice,* pe care acum am adăugat-o la bibliografie. În această lucrare există un fragment pe care am să-l redau în întregime:

> „reprezentarea ochilor şi a urechilor deasupra coifului sugerează capacitatea regelui de a auzi şi a vedea tot ce se întâmplă printre supuşii săi, la fel cum era conceput în mitologia indiană (Boys, 1988, 7)."[81]

---

[79] Herodot, *Istorii,* IV, 95, apud Vladimir Iliescu, Virgil C. Popescu, Gheorghe Ştefan, *Op.cit.,* p. 49

[80] Hellanicos, *Obiceiuri barbare,* Fr. 73. PHOT. SUID., apud Vladimir Iliescu, Virgil C. Popescu, Gheorghe Ştefan, *Op.cit.,* p. 21

[81] Rodica Ursu Naniu, *Limbajul mitic şi religios al artei princiare getice (sec IV-III î.Chr.), Cartdidact, Chişinău, 2004, p.141*

„Societatea" vitejilor înzestraţi cu „ochi magici":
Separaţi de timp şi spaţiu, în diverse veacuri şi regiuni, meşteri făurari au oferit coifurilor o putere sporită, pe lângă duritatea metalului, au adăugat şi forţa magiei.

În 1892, în Ucraina, pe malul stâng al Nistrului a fost descoperit un coif de viking realizat din fier, acesta are redaţi doi ochi în zona care protejează fruntea. Datat ca aparţinând secolelor XI-XII şi atribuit unui făurar rus[82], el aminteşte de coifurile din metal preţios ale geţilor.

În 1934, lângă Lanuvio/Lanuvium (Lazio, Italia) s-a găsit mormântul unui războinic etrusc (sec. V a.Chr.), bărbatul fusese înhumat cu armamentul său militar, inclusiv cu un coif.[83] Piesa este împodobită cu o pereche de ochi, nu atât de expresivi ca cei întâlniţi în arta getică, dar, totuşi, asemănători.

„Societatea" a mai căpătat un nou membru în 2010, când a fost descoperit în râul Siret, pe raza municipiului Paşcani, un coif de viking cu ochi desenaţi pe frunte (secolele X-XIII). Obiectul prezintă analogii specifice regiunilor Baltice şi Rusiei Kievene[84]; după o dispariţie de zece ani, a fost recuperat şi predat Complexului Muzeal Naţional „Moldova" Iaşi.

Aceste trei coifuri, înnobilate cu decor asemănător, acoperă doar calota purtătorului, nu posedă apărătoare de ceafă sau obrăzare, nu sunt realizate din aur sau argint şi nu au o compoziţie iconografică bogată, totuşi, magia ochilor intimidanţi încă funcţionează, o stare de nelinişte, de fascinaţie îl domină pe cel care priveşte în ochi istoria.

---

[82] https://ziarulnatiunea.ro/2017/11/18/povestea-unui-coif-pierdut-si-regasit-coiful-cu-ochi-de-pe-nistru/, 29 iulie 2021
[83] http://web-facstaff.sas.upenn.edu/~dpd/italica/twlanuvium.html, 29 iulie 2021
[84] https://palatulculturii.ro/expozitii-si-evenimente/coiful-de-sorginte-viking-de-la-pacani-unic-n-spaiul-romnesc-a-fost-predat-azi-complexului-muzeal-naional-moldova-iai--587, 29 iulie 2021

CNEMIDELE DE PARADĂ

Până în prezent se ştie de existenţa a patru cnemide confecţionate din argint, două provin de pe teritoriul României din mormântul tumular de la Agighiol şi două din Bulgaria (una descoperită în anul 1965 la Vraţa, iar cealaltă la Golyamata Mogila în anul 2005).

Toate au fost descoperite în morminte regale, iar semnificaţia reprezentărilor de pe ele ridică probleme de interpretare. Se apreciază că partea care acoperă genunchiul, a cnemidei nr.1 de la Agighiol, reprezintă chipul unei divinităţi feminine (Fig.3.b.), sub protecţia căreia se găsea purtătorul. În schimb, cnemida nr. 2 ar reprezenta un bărbat (Fig.3.c.) cu chipul pictat sau tatuat (se consideră că este un bărbat, deoarece nu poartă podoabe – nici cercei, nici colier).

În mormântul de la Vraţa s-a găsit o singură cnemidă (Fig.13.a.), chipul personajului reprezentat pe ea este pe jumătate „tatuat" cu dungi aurite, s-a afirmat că ar putea reda în acelaşi timp un personaj masculin şi unul feminin, că cele două reprezentări ar fi imaginea cuplului Dionysos-Ariadna; în sprijinul acestei supoziţii s-a invocat vrejul de iederă, emblema lui Dionysos[85]. Chipul reprezentat pe cnemida de la Golyamata Mogila (Fig.15.) este asemănător cu cele pomenite mai sus, personajul are părul lung şi ondulat, poartă două coliere, dar îi lipsesc cerceii.

Aceste piese nu aveau rolul de al apăra în luptă pe cel care le purta, deoarece metalul din care sunt confecţionate este prea moale şi nu putea garanta protecţia necesară, iar valoarea lor îl transformau pe purtător în principala ţintă a inamicului. Faptul că sunt realizate din metal preţios şi că sunt împodobite cu o bogată figuraţie, demonstrează că erau utilizate cu ocazia unor evenimente de o însemnătate majoră – cum ar fi încoronarea, săvârşirea ritualurilor şi a sacrificiilor publice[86]. De asemenea, aurul şi argintul au o

---

[85] Valeriu Sârbu şi Gelu Florea, *Imaginar şi imagine în Dacia preromană*, Editura Istros, Brăila, 1997, p. 73

[86] Sorin Nemeti, *Zei cavaleri în spaţiul nord-balcanic (sec. V a.Ch. - I p.Ch.)*, în Ephemeris Napocensis, IX-X, 1999-2000, p. 123

semnificaţie sacră, nu denotă doar bogăţie, aceste metale ocupau un loc privilegiat în credinţele popoarelor arhaice, deoarece timpul nu le poate deteriora, iar strălucirea lor se aseamănă cu cea a aştrilor.[87] Aurul, produs al focului solar, este simbol regal şi divin, în unele culturi carnea zeilor se credea că era făcută din aur, în cea greacă acest metal reprezenta Soarele, fecunditate şi dominaţie.[88]

Aşa cum vom vedea în continuare, tracii bogaţi (o întreagă elită sau doar regii) doreau să se distingă de mulţime, originea lor nobilă, poziţia importantă pe care o ocupau în cadrul societăţii era scoasă în evidenţă prin costumele „extravagante" compuse din cnemide, coifuri şi brăţări – toate confecţionate din metale preţioase şi împodobite cu scene care istoriseau obârşia superioară a nobilimii tarabostes (din care erau aleşi regii şi preoţii), mituri cosmogonice, vânători iniţiatice, „încoronări" şi ritualuri sacre.

VASE DE BĂUT – SACRE ŞI PROFANE

În lumea tracică se cunosc multe vase de băut, cele mai populare erau rhytoanele şi pocalele.

Rhytonul este un vas care are forma unui corn de taur, la partea inferioară prezintă un orificiu pentru scurgerea lichidului şi se termină cu protoma unui animal, el era folosit pentru efectuarea unor ceremonii cu caracter religios[89] – cum ar fi libaţiile (jertfe lichide dedicate divinităţilor, eroilor sau defuncţilor), dar odată cu trecerea timpului i s-a diminuat semnificaţia şi a fost utilizat şi ca recipient pentru băut în viaţa de zi cu zi.

Rhytoane deosebit de frumoase au fost descoperite în România la Poroina (Fig.9.a.) şi în Bulgaria la Panaghiurişte, Borovo, Sboryanovo, Rozovec şi Ravnogor.

Asemenea piese sunt reprezentate şi pe produsele de orfevrărie[90], de multe ori apar redate diverse personaje care ţin în mână un astfel de obiect: este vorba de

---

[87] Valeriu Sârbu şi Gelu Florea, *Op.cit.*, p. 55
[88] Jean Chevalier, Alain Gheerbrand, *Dicţionar de simboluri*, vol. I, Editura Artemis, Bucureşti, 1995, pp. 154-156

reprezentările de pe cnemidele de la Agighiol (Fig.3.b.) şi Golyamata Mogila (Fig.15.), de pe piesa de la Poroina şi de pe coiful de aur de la Băiceni (Fig.1.c.).

În opinia lui S.S. Bessonova, a bea vin din aceste vase însemna „a bea zeul"[91], a deveni una cu divinitatea.

Tracii nordici foloseau rhytonul din corn de bour, aceste recipiente din os s-au păstrat în număr mic, un astfel de exemplar se afla în colecţia Severeanu.[92] Singurul rhyton realizat din metal (argint aurit), descoperit la nordul Dunării, este cel de la Poroina.

Un alt tip de vas, care a avut un rol special în viaţa sacră a tracilor, este pocalul. Descoperite la Agighiol (Fig.3.d., Fig.3.e.), Porţile de Fier (Fig.8.a.) şi Rogozen (Fig.14.h.) – recipientele de acest tip sunt asemănătoare cu nişte cupe lucrate din argint şi au o decoraţiune bogată care acoperă întreaga suprafaţă.

Nu este inscripţionat numele vre-unei divinităţi nici pe podoabe, nici pe vase; pe una din piesele tezaurului de la Agighiol apare un nume – KOTIOS EGBEO, scris cu caractere greceşti – dar se consideră a fi numele unei căpetenii a tracilor sudici.

ZEII TRACILOR ÎN SURSELE SCRISE

Tracii, naţie vechie, numeroasă, dar dezbinată, compusă din multe triburi şi regate, îl au ca strămoş mitic pe Thrax, fiul lui Ares/Marte[93].

Tracii sudici au fost scoşi din umbra preistoriei de Homer, opera acestuia cea mai celebră, Iliada (sec. VIII a. Chr.), amestecă realitatea cu mitul. Tracii se prezintă lumii,

---

[89] Mihai Gramatopol, *Studia III*, Editura Transilvania Expres, Braşov, 2008, pp. 124-125

[90] Meşteşugul creării obiectelor de artă din aur şi argint.

[91] Valeriu Sârbu şi Gelu Florea, *Op.cit.*, p. 56

[92] Mihai Gramatopol, *Studia III*, Editura Transilvania Expres, Braşov, 2008, p. 11

[93] F.A. Wright, *Classical Dictionary Of Proper Names Mentioned In Ancient Authors*, Routlege & Kegan Paul LTD, London, 1951, p. 628

în frunte cu regele lor Rhesus („Roşcatul", despre care se spunea că era fiul unui dinast trac şi al unei muze), ca duşmani ai grecilor şi aliaţi ai troienilor.

Ce ştim despre Troia este că, demult, la finele Epocii Bronzului, un mare război a avut loc; dincolo de zeii şi eroii poveştii, se găsesc oameni, care au luat parte la un asediu îndelungat şi au cucerit o mare cetate printr-un vicleşug. Prin cânt şi poezie Războiul Troian a parcurs generaţii, până când Homer a aşternut pe papirus faptele de iubire şi de arme ale lui Ahile, Hector, Ulise şi alţii. Pentru vremea veche, nu avem suficiente cunoştinţe despre religia tracilor pentru a ne face o părere fermă, dar făcând o comparaţie cu religia organizată a grecilor, unde găsim un panteon bine cunoscut, la traci putem presupune că avem elemente religioase mai arhaice, încă necizelate.

Grecii şi tracii se trag dintr-un trunchi comun, indo-european, ambele lumi au fost supuse iradierii unor culte venite de peste mări şi ţări, ambele lumi au cunoscut reformatorii şi legislatorii lor.

Până când Zalmoxis să-şi propovăduiască învăţătura, din Tracia, din nordul acela exotic, s-au dus către Marea Egee rituri şi culte mistice. Riturile nordice care s-au strecurat şi au influenţat cultele elene şi, poate, pe unii din filosofii acestora, sunt cel al zeiţei Bendis (varianta tracică a Artemidei greceşti) şi cel al lui **Orfeu**.

Herodot vorbeşte despre **Zalmoxis**, zeul geţilor, căruia i se mai spunea Gebeleizis, ca despre o divinitate cu înfăţişare antropomorfă, adoratorii cultului său credeau în obţinerea nemuririi şi comunicau cu el prin intermediul sacrificiilor umane, realizate o dată la cinci ani. Herodot avea obiceiul să prezinte divinităţile altor popoare pe înţelesul grecilor, dar Zalmoxis apare cu numele său local, nu este asemuit de către „părintele istoriei" cu nici o divinitate greacă.

Tot de la istoricul din Halicarnas cunoaştem faptul că tracii sudici se închinau lui **Ares**, **Dionysos** şi **Artemis**, dar nobilii îl venerau pe **Hermes**, considerând că îşi trag obârşia din el.

Despre zeul războiului, Ares, autorii antici spuneau că Tracia era patria lui, la geto-daci se bănuieşte existenţa unui astfel de zeu, dar nu i se cunoaşte numele local, nici reprezentări certe.

Dionysos (Sabazios) era zeul vegetaţiei, al vinului, al recoltelor coapte. Adoratoarele lui îl celebrau printr-un cult orgiastic, cuprinse de extaz devorau carnea crudă a animalelor pe care le ucideau, considerând că în acest mod deveneau părtaşe la puterea zeului[94]. Dionysos scotea la suprafaţă nebunia din bărbaţi şi din femei în timpul beţiilor rituale.

Artemis era zeiţa vânătorii şi stăpâna naturii, se ştie că în ţinuturile tracice era răspândit cultul unei zeiţe cu atribute similare, este vorba de zeiţa **Bendis**, care, se pare, la traci era şi stăpâna fertilităţii. Reprezentări ale unor divinităţi feminine cu atribute ale vânătorii şi fertilităţii apar pe piesele tezaurelor de la Letniţa şi Rogozen.

Hermes, adorat doar de căpeteniile tribale, era mesagerul zeilor în Iliada lui Homer. Despre el se spune că venea să-i ia pe muribunzi; protector şi călăuză pentru vii şi pentru morţi, el însoţea sufletele în infern şi îi ghida pe cei care aveau nevoie de ajutor (pe Heracle l-a condus în lumea de jos pentru a captura Cerberul, iar pe Piram l-a dus la Achile pentru a recupera trupul fiului său)[95]. Zeu al drumurilor, călăuză, protector şi îndrumător, Hermes era asociat credinţei în eroizare, credinţă larg răspândită printre triburile tracice[96].

O altă divinitate, a unor traci sudici, era **Pleistoros**, acelaşi Herodot ne spune: „Tracii apsintieni, prinzându-l pe Oiobazos, care fugise în Tracia, îl jertfiră lui Pleistoros – un zeu local – aşa cum era la ei datina"[97].

---

[94] Manfred Oppermann, *Tracii. Între Arcul Carpatic şi Marea Egee,* Editura Militară, Bucureşti, 1988, p. 228
[95] Walter F. Otto, *Zeii greciei. Imaginea divinităţii în spiritualitatea greacă,* Editura Humanitas, Bucureşti, 1995, pp.121-125
[96] Manfred Oppermann, *Op.cit.,* p. 226
[97] Herodot, *Istorii,* IX, 119 apud Vladimir Iliescu, Virgil C. Popescu, Gheorghe Ştefan, *Op. cit.,* p. 71

TEME ICONOGRAFICE

Lipsa textelor de pe obiectele descoperite şi inexistenţa altor detalii care să ne ajute să desluşim semnificaţia imaginilor, ne constrâng să umplem golurile din fărâmiţata mitologie a tracilor, recurgând la singura metodă de interpretare care ne este la îndemână, cea comparativă (ale cărei rezultate nu pot fi decât ipotetice).

Decorul figurativ include reprezentări antropomorfe şi zoomorfe, însoţite uneori de motive vegetale. S-a folosit ca tehnică aurirea argintului – armura călăreţilor, chipurile unor personaje ori blana, coarnele şi penele animalelor au fost înnobilate cu galbenul metal.

Cele mai caracteristice teme iconografice întâlnite pe toreutica traco-getică sunt: personaje masculine călare, personaje masculine şi feminine stând pe tron, personaje masculine şi feminine cu vase de cult în mână, scena sacrificiului, personaje feminine în compania animalelor fantastice, hierogamie, personaje feminine şi masculine în trăsuri, personaj feminin înaripat, scene în care apar doar animale. La acestea se adaugă personaje a căror identitate a fost confirmată cu certitudine, după inscripţii sau înfăţişare şi atribute, este vorba de Heracle, Auge, Belerfon, Himera, acestea provin din mitologia greacă şi se găsesc pe vasele de la Rogozen (Bulgaria), vase realizate de meşteri greci, dar descoperite pe teritoriul locuit de traci.

Cavalerul războinic-vânător

În majoritatea reprezentărilor apare îmbrăcat cu o armură din solzi metalici şi cu pantaloni care îi acoperă piciorul până la vârful degetelor (Agighiol, Letniţa); pe aplicele tezaurului de la Lukovit şi pe centura de la Loveţ este îmbrăcat diferit, aici pare a purta un costum inspirat din moda grecească.

În acea perioadă arma preferată era lancea, doar într-un singur caz un cavaler foloseşte arcul, este vorba de cnemida nr.1 de la Agighiol. Lancea, armă eficientă atât în luptă cât şi la vânătoare, este redată pe obrăzarele coifului de la Agighiol, pe plăcuţele de la Letniţa, Lukovit, pe cănile de la Rogozen şi pe centura de la Loveţ.

Pe toreutica traco-getică călăreţii sunt înarmaţi şi poartă armuri, par a fi gata pentru luptă, dar nu-şi protejează niciodată capul cu coifuri şi nu se războiesc între ei. În nici una din reprezentări, armele nu sunt îndreptate spre personaje umane, în schimb sunt atacate animale.

Pe aplica 13 de la Letniţa, cavalerul atacă un urs (Fig.10.b.), interesant este echipamentul pe care îl poartă, deoarece este completat cu o cnemidă. Această piesă, identică cu pulparele de argint descoperite la Agighiol, Vraţa şi Golyamata Mogila, este purtată la vânătoare de animale feroce. Personajul fiind echipat într-un costum de paradă, dovedeşte caracterul special, poate iniţiatic, al acestei activităţi.

Basileul trebuia să înfrunte un animal puternic, asemenea lui, în acest mod i se testau calităţile. Într-o serie de legende, provenite din Anatolia şi Iran, vânătoarea reprezenta actul săvârşit de rege pentru a păstra ordinea în lume, câştigând în faţa puterilor haosului, a animalelor, el reînnoia viaţa şi fertilitatea; în alte cazuri proba era necesară pentru a câştiga puterea sau pentru a o păstra[98].

Călăreţul apare urmărind un leu pe aplicele de la Lukovit (Fig.11.a.); regele animalelor este întâlnit pe toreutica tracică ca import din zona sud balcanică. Conform descoperirilor de la Rogozen şi Panaghyurişte, artiştii care au creat pentru nobilii traci s-au inspirat din miturile legate de izbânda lui Heracle împotriva leului (fiecare popor îşi are eroii lui, tracii aveau în propria mitologie un erou similar cu Heracle şi le-a fost uşor să identifice povestea redată pe obiectele din tezaurele mai sus menţionate).

De asemenea, se ştie că macedonenii Alexandru cel Mare şi Lysimah s-au luptat cu lei, această confruntare era una din principalele probe pentru ca viitorul rege să acceadă la domnie[99]. Uciderea leului era proba de vitejie supremă – după moartea regelui trac Rhesus, fratele său a

---

[98] Alexander Fol, *Thracian treasures from Bulgaria*, Committee for Culture, Bulgaria, 1979, p. 19
[99] *Ibidem*, Loc.cit

trebuit să aleagă un nou rege, unul dintre pretendenţi s-a luptat cu un leu şi a pierdut, demonstrând astfel că nu merita coroana[100].

Animalul pe care îl regăsim cel mai des în scenele de vânătoare de pe toreutică este mistreţul, el este hăituit de vânători umani (pe centura de la Loveţ, pe cana 159 de la Rogozen) sau asupra lui se repede un animal de pradă (pe fundul pocalelor de la Agighiol, Metropolitan Museum din New York şi Rogozen).

Mistreţul, simbol al haosului şi al distrugerii, în multe mituri greceşti apare ca antagonist pentru Heracle, Tezeu, Iason, Atalanta şi alţi eroi.

Pe vasul 159 de la Rogozen (Fig.14.b., Fig.14.f.) este ilustrată o întrecere între doi călăreţi; câştigătorul pare a fi personajul care urmăreşte mistreţul din spate, suliţa lui a fost lansată şi este aproape să îşi atingă ţinta[101]. Chipul unei femei este reprezentat în josul imaginii, este posibil ca aceasta să fie o zeiţă, iar intervenţia ei divină să determine învingătorul, aşa cum intervenţia zeiţei Atena decide învingătorul în lupta dintre Achile şi Hector[102], aici, după părerea lui Ivan Marazov, vânătorul din dreapta este cel care răpune animalul, astfel, prin uciderea fiarei îşi demonstra legitimitatea asupra tronului.

O scenă similară este întâlnită pe centura de la Loveţ (Fig.12.), cavaleri însoţiţi de arcaşi pedeştri vânează un mistreţ (nu apar personaje divine în cadru), călăreţul din dreapta lansează singura suliţă pe care o deţine.

La vecinii tracilor, la macedoneni, o vânătoare de mistreţi încununată cu succes era criteriul principal al iniţierii unui tânăr, acesta putea accede la statutul de

---

[100] Ivan Mazarov, *The Rogozen Tresure*, SVYAT Publishers, Sofia, 1983, p. 106

[101] *Ibidem*, p. 107

[102] Walter F. Otto, *Zeii Greciei. Imaginea divinităţii în spiritualitatea greacă*, Editura Humanitas, Bucureşti, 1995, p. 230

războinic doar după ce ucidea, fără ajutorul unei plase, un porc mistreț[103].

Animalul cel mai des reprezentat alături de călăreț este calul. Din păcate lipsesc informații literare antice menite a desluşii simbolismul său în lumea tracilor. Din câte observăm era un nelipsit vehicul al aristocratului la vânătoare şi la război, iar sacrificarea şi depunerea rituală în morminte evidenţiază rolul său de călăuză a stăpânului atât în viaţa de zi cu zi, cât şi în lumea de dincolo. După Sorin Nemeti, avem un cal diurn, ţinut în frâu de călăreţ în timpul zilei şi un cal htonian, care îl călăuzeşte pe acesta în lumea umbrelor[104].

În societăţile arhaice, uciderea unui animal puternic şi periculos era un act de maturitate, o trecere dintr-o clasă de vârstă în alta sau un ritual iniţiatic, în urma căruia se produceau schimbări în statutul social, cum ar fi urcarea pe tron sau accesul în cadrul unei elite războinice.[105]

Pe plăcuţele de argint de la Letniţa, figura călăreţului apare de cele mai multe ori în cadrul aceluiaşi tezaur. Plăcuţele erau utilizate ca piese de harnaşament, pe ele sunt reprezentate momente importante din viaţa unui personaj, acesta este redat tânăr (fără barbă) şi matur (cu barbă), înarmat cu lance (Fig.10.a.) sau ţinând în mână un vas de tip fială (Fig.10.c.), mergând cu calul la pas sau atacând un urs (Fig.10.b.); iar pe una dintre aplice este reprezentat în timpul unei scene erotice (Fig.10.f.). Aceste plăcuţe ilustrează un mit autohton, în centrul căruia se afla cavalerul.[106]

Pe piesele de paradă din tezaurul de la Agighiol el este reprezentat într-o atitudine similară cu cea de la Letniţa, şi aici se pare că artistul a redat scene cheie, cum ar fi vânătoarea iniţiatică, urmată de investitură.

---

[103] Ivan Mazarov, *The Rogozen Tresure*, SVYAT Publishers, Sofia, 1983, p. 106
[104] Sorin Nemeti, *Zei cavaleri în spaţiul nord-balcanic,* în Ephemeris Napocensis, IX-X, 1999-2000, p. 107
[105] *Ibidem,* pp. 122-123
[106] Valeriu Sârbu şi Gelu Florea, *Imaginar şi imagine în Dacia preromană*, Editura Istros, Brăila, 1997, pp. 63-64

P. Alexandrescu afirmă că avem de a face cu un personaj divin, echivalent cu herosul elen, deoarece atitudinea şi atributele sale sunt stereotipe, iar Sorin Nemeti îl numeşte un „mort eroizat".

Motivul iconografic şi simbolic caracteristic acestei perioade este cel al cavalerului, acest personaj întâlnit în aria locuită de traco-geţi, reprezintă eroul, războinicul-vânător, curajos şi iscusit, care săvârşeşte fapte măreţe ce stârnesc admiraţia oamenilor[107]. Este posibil ca la origini el să fi fost un erou legendar, primul rege, întemeietorul tribului[108], iar clasa aristocraţilor, în frunte cu basileul să îl aibă ca model, să se identifice cu el.

În societăţile în care nu se folosea scrisul, originea divină sau eroică a liderului era narată cu ajutorul unui program iconografic, astfel basileul apare ilustrat în situaţii solemne, plecând la vânătoare, efectuând libaţii şi sacrificii, el îşi asumă rolul de personaj semi-divin, intermediar între oameni şi zei, erou actual, urmaş al eroului legendar. Regele era emblema societăţii, trebuia să fie cel mai viteaz în luptă şi cel mai iscusit la vânătoare, trebuia să fie vrednic de statutul pe care îl poseda; de potenţele lui, de sănătatea fizică, mintală şi de relaţia lui cu zeii, de toate acestea depindea bunăstarea poporului şi soarta regatului.

Urmărindu-l pe călăreţul lăncier de-a lungul secolelor, descoperim că în epoca romană peste 2000 de reliefuri în marmură sunt dedicate lui, astfel îi aflăm numele, este Heros/ Eroul.[109]

Personaje care stau pe tron

Coiful de aur de la Băiceni are redat pe obrăzarul drept un personaj masculin care stă aşezat pe un tron, în mâna stângă ţine un vas de tip rhyton, iar în dreapta o fială

---

[107] Radu Florescu, *Arta dacilor*, Editura Meridiane, Bucureşti, 1968, p. 13
[108] Alexander Fol, *Thracian treasures from Bulgaria*, Committee for Culture, Bulgaria, 1979, p. 19
[109] *Ibidem,* p.18

(Fig.1.a.). Pe spătarul tronului se găseşte un arc, iar sub el un şarpe încolăcit.

Pe una din cnemidele de la Agighiol este reprezentat un bărbat aşezat pe tron, acesta ţine în mâna dreaptă un vultur, iar în mâna stângă un rhyton (Fig.3.b.).

Unii specialişti văd în aceste scene aproape identice, o eroizare sau o zeificare[110]. Valeriu Sârbu şi Gelu Florea apreciază că personajele masculine de la Agighiol şi Băiceni sunt regi, tronul simbolizează rangul, animalele (vulturul şi şarpele) sunt atribute care reprezintă suveranitatea liderului asupra regatului, iar vasele de cult indică actele rituale care trebuiau efectuate[111].

I.H. Crişan are o viziune proprie, este de părere că scena îl reprezintă pe „Marele Zeu", această divinitate menţionată de Crişan, nu apare nicăieri în literatura antică, el îi presupune existenţa deoarece la populaţiile indo-europene panteonul era condus de un cuplu divin, format din zeul cerului şi zeiţa pământului. Astfel, în opinia lui Crişan, alături de Marea Zeiţă a tracilor, identificată cu Bendis/Artemis/Diana, ar fi existat un Mare Zeu, care apare în iconografie şi sub forma unei păsări cu corn[112].

Tot pe o cnemidă, de data aceasta de la Golyamata Mogila, apare un personaj masculin care stă pe tron, acesta are în mâna dreaptă un vas (pe care îl îndreaptă spre gură, pentru a sorbi din el), iar în stânga ţine un obiect lung.

În spatele bărbatului se află o femeie, ea stă în picioare şi întinde mâinile spre el în semn de protecţie, investitură sau de binecuvântare (Fig.15.).

Părerea cea mai populară este că personajele masculine care stau pe tron, întâlnite la Agighiol, Băiceni şi Golyamata Mogila – reprezintă regi, ei sunt prezentaţi într-un moment solemn, săvârşind un rit prin care îşi legitimează suveranitatea.

---

[110] Manfred Oppermann, *Tracii. Între Arcul Carpatic şi Marea Egee*, Editura Militară, Bucureşti, 1988, p. 130

[111] Valeriu Sârbu şi Gelu Florea, *Imaginar şi imagine în Dacia preromană*, Editura Istros, Brăila, 1997, p. 68

[112] Ion Horaţiu Crişan, *Spiritualitatea geto-dacilor*, Editura Albatros, Bucureşti, 1986, p. 356

După cum se observă în planşa alăturată, tetradrahmele de argint, de tip Alexandru cel Mare, care au pe revers portretizat pe Zeus tronând într-o manieră aproape identică cu personajul de la Agighiol, au servit ca model pentru artizanii geto-daci.

Monedele greco-macedonene au influenţat numismatica locală[113] şi arta sculpturii în metal.

Despre singurul personaj feminin care stă pe tron vom discuta în paginile care urmează, la subcapitolul „Personaje care ţin în mâini vase de cult".

Scena sacrificiului

Pe obrăzarele coifului de aur de la Poiana Coţofeneşti este reprezentată singura scenă de sacrificiu de pe toreutica tracică, aici întâlnim un bărbat care poartă pe cap un coif ţuguiat; personajul este pregătit să înjunghie un berbec (Fig.2.b.), folosindu-se de un pumnal akinakes. Îmbrăcat cu o platoşă din solzi metalici, cu pelerina în vânt şi cu picioarele goale, bărbatul stă cu genunchiul pe spatele animalului, cu mâna stângă îi ridică botul, iar cu dreapta se pregăteşte să îndeplinească sacrificiul.

Jertfa reprezintă un schimb, cu cât darul oferit zeului va fi mai preţios, cu atât răsplata va fi mai mare; omul recunoaşte astfel supremaţia divină şi acţionează având convingerea că îi poate îndupleca, îmbuna pe zei[114], că poate obţine de la ei favoruri.

Pe apărătoarea de ceafă a coifului (Fig.2.c.) se află patru fiinţe fantastice în poziţie de aşteptare, ele au capul ascmănător cu cel uman, dar posedă aripi şi cozi (arată ca nişte maimuţe înaripate sau ca nişte sfincşi); sub aceste monstruozităţi sunt redaţi trei hipogrifi (animale fantastice cu trup de cal, aripi şi cap de vultur – rezultate din împreunarea unui grifon cu o iapă), doi dintre ei au în cioc câte un picior de erbivor. Aceste creaturi au sfâşiat un

---

[113] Constantin Preda, *Enciclopedie de numismatică antică în România*, Editura Enciclopedică, Bucureşti, 2008, p. 26
[114] Jean Chevalier, Alain Gheerbrand, *Dicţionar de simboluri*, vol. III, Editura Artemis, Bucureşti, 1995, p. 183

animal şi acum îl devorează, ele se fugăresc spre a răpi una celeilalte bucăţi de carne; înfăţişarea şi atitudinea lor sugerează haosul[115].

Sacrificatorul este un preot, un aristocrat sau însuşi regele. De obicei, sacrificiile erau efectuate de preoţi, dar la geto-daci se ştie că regele îndeplinea câteodată şi funcţia de mare preot. În mod obişnuit, un sacrificiu este săvârşit în cinstea unui zeu, dar aici se pare că are menirea de a îmbuna monştrii şi demonii care ameninţau să acapareze lumea.

După V. Sârbu şi G. Florea, în urma sacrificiului, legătura dintre oameni şi zei este restabilită, iar posibilitatea revenirii haosului este înlăturată momentan[116]. Este vorba fără îndoială de o scenă care se încadrează într-un ciclu mitologic, actul va fi repetat, după o anumită perioadă de timp jertfa trebuie reînnoită.

Aidoma sacrificatorului geto-dac, Mithra, Zeul Soare, „cel născut din piatră"[117], adorat de indienii vechi, de persani şi mai târziu de unii romani apare reprezentat în artă, în timp ce, cu o mână ţine un taur de bot, genunchiul îi stă înfipt în spinarea animalului şi cu cealaltă mână săvârşeşte jertfa. Constatăm că în unele culte zeul este cel care înfăptuieşte sacrificiul primordial, pe care preoţii şi regii urmează să-l reitereze, să-l imite, să-l reînnoiască.

Mithra, care la persani întruchipa lumina soarelui aflată în luptă cu întunericul, a fost adus din Orient de legionarii romani[118]. Cultul său, devenit foarte popular printre toate clasele sociale, se va răspândi rapid în Imperiul Roman.

În arta romană, când ucide taurul, Mithra este asistat de un câine, un şarpe şi un scorpion. Câinele şi şarpele se năpustesc asupra rănii provocate de cuţit, în vreme ce

---

[115] Valeriu Sârbu şi Gelu Florea, *Imaginar şi imagine în Dacia preromană*, Editura Istros, Brăila, 1997, p. 72
[116] *Ibidem, Loc. cit.*
[117] D. Jason Cooper, *Mithras: mysteries and initiation rediscovered*, Publisher S. Weiser, York Beach, Maine, 1996, p. 155
[118] *Ibidem,* p. 11

scorpionul prinde taurul cu cleştii de testicule (scorpionul nu apare redat în planşa alăturată).

Pe timpul iernii, durata zilei se micşorează semnificativ, această reducere a luminii atinge apogeul în miezul iernii, când are loc noaptea cea mai lungă (Solstiţiul de iarnă), cu siguranţă, acest fenomen a lăsat o puternică impresie asupra oamenilor din vechime, care, spre a evita acapararea lumii de forţele întunericului, au apelat la cânturi, rugăciuni, dansuri şi diverse ritualuri (mai mult sau mai puţin sângeroase).

Lumina trebuie să izbutească împotriva întunericului, ordinea trebuie să învingă haosul; în acest scop, strămoşii considerau că un sacrificiu trebuia efectuat, demonii tenebrelor trebuiau îmbunaţi, mituiţi, îmblânziţi sau cu violenţă suprimaţi. Odată ce ordinea era restabilită, viaţa îşi continua cursul, asta până când venea vremea repetării ritualului.

Tăvălugul migraţiilor de la începutul epocii bronzului a adus cu el zei noi, care au fost transplantaţi în teritoriile invadate de indo-europeni. Împreunările dintre vechi şi nou, dinte moştenirile neolitice şi virilitatea epocii bronzului vor naşte mixturi culturale şi religioase. Nu ştim dacă pe coiful de la Coţofeneşti avem un Mithra autohton sau dacă este un împrumut persan[119], nu ştim dacă ritualul sacrificării berbecului prezintă similitudini prin coincidenţă ori este o moştenire dintr-un fond religios comun, mai vechi, care are în centru lupta dintre bine şi rău, dintre lumină şi întuneric. Cert este că, pentru ca omenirea să trăiască, pentru ca lumea strămoşilor să continue să existe, o jertfă trebuia să aibă loc.

Scena hierogamiei

Pe una din aplicele de la Letniţa este prezentată o scenă erotică (Fig.10.f.) între un bărbat cu barbă şi o femeie tunsă scurt. În spatele cuplului se află o altă femeie, aceasta ţine în mâna dreaptă un vas şi în stânga o ramură. Atributele şi

---

[119] Geţii au luat contact cu civilizaţia persană, i-au cunoscut forţa armată, arta şi cultura, atât direct cât şi prin medierea vecinilor sciţi şi a tracilor odrisi.

gestul pe care îl face, coborând frunzele ramurii deasupra cuplului, denotă faptul că este vorba de un ritual legat de cultul fecundității. Unirea dintre cei doi trebuie să dea roade.

Scena împreunării sacre este una simbolico-rituală şi este cunoscută în istoria religiilor sub denumirea de hierogamie.[120] Dacă cuplul reprezintă unirea dintre dinastul-erou cu o zeiţă, este reiterată astfel „îmbrăţişarea" primordială dintre cer şi pământ, în urma căreia au luat naştere toate fiinţele.[121] Actul avea ca scop reînnoirea naturii, aducerea de belşug asupra regatului. După o altă interpretare evenimentul ar reprezenta istoria conceperii unui personaj exemplar.

Herodot transmite informaţii despre originea regalităţii la sciţi, conform unei tradiţii, din Scythes se trag regii sciţilor, acesta era fiul lui Heracle şi al unei fiinţe fabuloase (jumătate femeie-jumătate şarpe), el a devenit stăpân peste regat, în detrimentul fraţilor săi, după ce a trecut proba la care a fost supus, aceea de a întinde arcul tatălui său[122] – se povesteşte astfel originea unui rege sau a unui erou.

Regii tracilor erau convinşi de originea lor divină, acest lucru îl demonstrează Kotys I, al odrisilor, care pretindea că doreşte să se căsătorească cu zeiţa Artemis, doar o persoană convinsă că are o descendenţă superioară ar fi avut un astfel de deziderat.[123]

Personaj feminin cu aripi

Pe toreutica nord-balcanică sunt puţine reprezentări feminine, ele se concentrează în tezaurele de la Letniţa şi Rogozen, la care se adaugă rhytonul de la Poroina şi chipurile „sculptate" pe cnemidele de paradă.

---

[120] Manfred Oppermann, *Tracii. Între Arcul Carpatic şi Marea Egee,* Editura Militară, Bucureşti, 1988, p. 136

[121] Jean Chevalier, Alain Gheerbrand, *Dicţionar de simboluri,* vol. II, Editura Artemis, Bucureşti, 1995, p. 24

[122] Valeriu Sârbu şi Gelu Florea, *Op.cit.,* p. 63

[123] Alexander Fol, *Thracian treasures from Bulgaria,* Committee for Culture, Bulgaria, 1979, p. 20

Atunci când apar, personajele feminine sunt asemuite cu divinități sau preotese – deoarece posedă aripi, vase de cult și sunt în compania animalelor reale și fantastice.

În tentativa de a desluși semnificația acestor imagini se recurge la comparații între reprezentările din zonele locuite de geți cu cele din alte arii culturale.

Pe cana 158 de la Rogozen sunt reprezentate două scene care spun o poveste: personaje care arată precum cai înaripați cu capete umane, aleargă spre o zeiță înaripată, aceasta este protejată de doi câini, zeița se aseamănă cu așa numita Artemis Persană[124]. În registrul de jos este redat un taur îngenuncheat, atacat de animalele loiale zeiței, câinii. Creaturile hibride atacă zeița, iar animalele ei sacre, atacă taurul.

În opinia lui Ivan Marazov, haosul va cuprinde lumea dacă zeița va fi răpită, iar pentru ca lumina să triumfe în defavoarea întunericului, un sacrificiu trebuie înfăptuit, taurul trebuie ucis înainte ca demonii să ajungă la zeiță[125] (Fig.14.c., Fig.14.g.).

Izbânda ordinii împotriva haosului este reprezentată și pe coiful de la Coțofenești, unde monștrii sunt îmbunați în urma sacrificării berbecului.

Într-o postură identică cu zeița de pe cana cu nr. 158 de la Rogozen, avem o divinitate înaripată, identificată ca fiind Artemis, Stăpâna animalelor. Este vorba de o statuetă fragmentată din teracotă, aparținând sec. VI-V a. Chr., descoperită la Capua, în Italia (regiune care la vremea respectivă făcea parte din Grecia Mare). Statueta se află acum în posesia British Museum.

Artemis de la Capua și „copia" ei de la Rogozen se alătură reprezentărilor de zeițe înaripate care populau panteonul din Mesopotamia, Phrigia, Tracia, Creta, Micene, Sparta, Rhodos, Etruria.

Această divinitate cu atribute celeste (aripi) este regina lumii animalelor, formele pe care le ia sau, mai bine zis, pe

---

[124] Ivan Marazov, *The Rogozen Tresure*, SVYAT Publishers, Sofia, 1983, p. 99
[125] *Ibidem,* p. 101

care i le dau adoratorii ei, sunt similare în diferite părţi ale lumii.

Supranumită de unii Marea Zeiţă, de alţii Zeiţa Mamă, ea este întâlnită în diverse culturi, călăreşte lei, tigri, apare în compania păsărilor, a lupilor, a câinilor şi a felinelor feroce.[126] Rădăcinile cultului său sunt vechi, pre-elenice, poartă mai multe nume, fiind mereu asociată cu animale i s-a spus cel mai frecvent *Stăpâna animalelor*, şi, cum la greci aceasta era Artemis, aşa i-a rămas numele în literatură, Artemis/Diana/Bendis[127].

În reprezentări mai arhaice îi lipsesc aripile, dar calitatea zborului îi este dată de simbolul păsărilor care o însoţesc; de asemenea, ţine în mâini şerpi, animale feroce şi păsări cu gâtul lung, călătoreşte alături de lei, iar în unele ipostaze este prezentată guvernând cele trei arealuri — cerul, pământul şi apa (lucru sesizabil pe un vas din Beoţia, Grecia, unde are drept acoliţi păsări, peşti şi lupi)[128]. Erich Neumann o asemuieşte cu Rhea, mama zeilor, deoarece Zeus, Poseidon şi Hades vor moştenii cele trei tărâmuri pe care ea, în această ipostază le stăpâneşte deja[129].

Acelaşi autor este de părere că varianta greacă şi negreacă a zeiţei Artemis căreia, uneori i se atribuie şi cultul fertilităţii, şi regenerarea naturii, nu este Demetra, aducătoarea culturii şi agriculturii, ea este apropiată de natura sălbatică, de instinctul care îl guvernează pe cel care a trăit liber printre animale şi plante (nu în „ţarcul" cetăţii sau „legat" de ogorul de la marginea satului), este o zeiţă a libertăţii, a instinctului[130].

Zeiţa ia diverse animale sub aripile ei, le îmblânzeşte, le ocroteşte, le controlează. Sunt atributele ei, de asemenea, au rol de slujitori şi gardieni.

---

[126] Erich Neumann, *The great mother: an analysis of the archetype*, Princeton University Press, 1972, pp. 272-273

[127] *Ibidem*, p. 275

[128] *Ibidem*, p. 274

[129] *Ibidem*, p. 275

[130] *Ibidem*, p. 277

La persani, o mare zeiță poartă numele de Anahita, este supranumită „Cea pură", este o divinitate a apei[131] și a fertilității, adesea descrisă ca o fecioară înaltă, curajoasă și puternică[132], căreia, femeile îi ridicau rugăciuni în timpul sorocului, pentru a avea suficient lapte să-și hrănească nou-născuții[133]. Se crede că, după ce cultul ei a trecut din Mesopotamia în Asia Minor, Anahita a început să fie adorată sub denumirea de Artemis Persană. Până și în India întâlnim o stăpână a animalelor, i se spune Durga și călărește tigrii.

Fantezia, legenda și evenimentele reale se întrepătrund și dau naștere mitului. Știm că unele povești sunt mai vechi decât grecii și decât tracii. Câte astfel de vechi mituri s-au pierdut, câte s-au perpetuat, transformat, câte au trecut în credințele populare – nu știm, putem doar să bănuim.

Adevărul, minciuna și teoria creează istoria, iar istoria ne spune că aspectul inuman și compania feroce în care se găsește zeița înaripată, emană aspecte de protecție și bestialitate.

Personaje în compania animalelor fioroase și a monștrilor

Pe cana 155 de la Rogozen este reprezentat în dublă ipostază un personaj feminin care asistă la uciderea unui cerb de către un leu (Fig.14.a.). Zeița stă călare pe un alt leu, ține în mâna stângă un arc și o săgeată, iar mâna dreaptă o are așezată pe după gâtul animalului – ea este stăpâna acestor bestii și vânează alături de ele. Este posibil să fie Artemis, care, conform lui Herodot, era divinizată de către femeile tracilor sub numele de Bendis.

Pe două aplice de la Letnița sunt redate personaje feminine, eroine ale propriilor povești, prințese sau zeițe. Una stă pe spatele unui dragon (Fig.10.d.), o alta pare că atinge un șarpe uriaș cu trei capete (Fig.10.e.) Se poate

---

[131] Mary Boyce, A history of Zoroastrianism, Publisher Leiden & E.J. Brill, Koln,1982, p. 202-203

[132] Maneckji Nusservanji Dhalla, *Zoroastrian civilization*, Oxford University Press, London,1922, pp. 53-54

[133] *Ibidem,* p. 80

afirma cu certitudine că aceste imagini reflectă mituri autohtone. Din păcate povestea din spatele ilustrațiilor s-a pierdut în negura timpului, dar de monștrii acvatici, șerpi uriași și creaturi cu multe capete abundă mitologia greacă. Este posibil ca cele două lumi indo-europene să fi împărtășit elemente similare la nivelul legendelor despre eroi și monștri, care pun față în față binele și răul, umanul și supranaturalul.

Personajul feminin care stă pe spatele unui dragon reprezintă o imagine populară în arta greacă, în special pe vase, unde găsim reprezentări ale unor femei frumoase, îmbrăcate sumar, ce străbat mările călărind pe creaturi acvatice.

Ele sunt nimfe ale mării, divinități blânde și binevoitoare, care în vechile povești nu ezitau să vină în ajutorul marinarilor aflați la ananghie.[134]

Evident, contactele culturale, de comerț și de război avute de traci cu vecinii lor nu aveau cum să rămână fără ecou. Sesizăm influența grecească asupra artei autohtone, lumea lor imaginară se îmbogățește și, la rândul ei, insuflă vecinilor teme, idei, zeități (Bendis, Orfeu).

Cu privire la șarpele cu trei capete, la greci, Heracle, Tezeu, Perseu și Iason – au fost ucigași de monștrii mitologici, exterminatori ai anormalului, unii porniți în căutarea gloriei, alții obligați de împrejurări să curețe lumea de progeniturile monstruoase care nu-și mai găseau locul într-o lume populată din ce în ce mai mult de oameni.

Heracle, căruia romanii îi spuneau Hercule, primii de la regele Euristeu însărcinarea de a ucide Hydra, un șarpe monstru cu mai multe capete, care trăia într-o peșteră lângă lacul Lerna, unde se spune că exista intrarea în lumea de dincolo.

Hercule a zvârlit săgeți în bârlogul bestiei, pentru a o întărâta. Hydra, furioasă, se repezi către el să-l facă bucăți, dar eroul, cu câteva mișcări dibace, îi zdrobii rând pe rând capetele. Spre uimirea lui, capetele Hydrei nu doar că se

[134] Anna Ferrari, *Dicționar de mitologie greacă și romană*, Polirom, 2003, p. 441

regeneraseră cât ai clipi, dar se şi multiplicară, în locul fiecărui cap zdrobit, crescură două. Hercule nu se dădu bătut, lăsă bâta deoparte şi ceru ajutorul nepotului său Iolau. Împreună tăiară capetele Hydrei, apoi arseră gâturile însângerate pentru a închide rănile şi a prevenii astfel regenerarea monstrului. Ultimul cap fu` îngropat sub un bolovan mare, unde se spune că se găseşte şi astăzi.[135]

Se spune că Hydra avea 9 capete în momentul în care Hercule şi Iolau s-au confruntat cu ea; nu se ştie câte capete a avut la început. Fiinţele multicefale simbolizează anormalul, alianţele duşmănoase, gardienii lumii de dincolo (fratele Hydrei, câinele Cerber, cel cu trei capete, păzea intrarea în Hades).

La Letniţa poate avem o Hydra primordială, tricefală. Personajul uman, contrapus şarpelui are în mână o oglindă (Fig.10.e.), aici nu este vorba de un erou-războinic într-o postură virilă, ci de o femeie care probabil apelează la ingeniozitate pentru a scăpa din întâlnirea cu monstrul; eroina acestui mit local ne duce cu gândul către vechi poveşti greceşti, cum ar fi cea a vrăjitoarei Medea şi a balaurilor ei zburători sau, mai degrabă, către ingeniozitatea lui Perseu când s-a confruntat cu Gorgona Medusa.

Se spune că orice muritor care o privea în ochi pe Medusa era preschimbat instantaneu în piatră, dar dacă te uitai la reflexia ei scăpai nevătămat. Astfel, îndrumat de zei, Perseu s-a strecurat pe lângă stanele de piatră ale nefericiţilor care căzuseră pradă Medusei, privindu-i reflexia în scut, el s-a apropiat de monstruoasa femeie (care avea şerpi în loc de păr) şi cu secera, i-a desprins capul de trup.[136]

Nu ştim câte similitudini există între poveştile greceşti şi imaginile moştenite din cultura tracă.

Cât despre alte colţuri ale lumii mediteraneene, tot din acea perioadă, găsim ilustrate pe pereţii unui mormânt

---

[135] Roger Lancelyn Green, *Tales of the Greek heroes*, Publisher Puffin, London, 1994, pp. 130 -131
[136] Roger Lancelyn Green, *Op. cit.*, pp. 91-93

etrusc, câteva scene care au legătură cu lumea de dincolo. Botezat *Mormântul Carului Infernal* din Pianacce, Italia (sec. IV a.Chr.), locul adăposteşte un sarcofag şi picturi cu un demon, acesta străbate valurile mării pe o caleaşcă trasă de cai fantastici, el duce sufletele morţilor către celălalt tărâm. Pe o friză alăturată se află un monstru, un balaur cu trei capete[137], poate paznic al lumii de dincolo, la fel ca Cerberul grecesc sau ca surata lui, Hydra, ori ca „verişorul" tracic al acestor monştrii, şarpele tricefal de la Letniţa.

Iconografia monştrilor multicefali din mai multe areale poate deriva dintr-un original comun sau asemănările pot fi doar o coincidenţă, căreia noi, prin speculaţii şi comparaţii, încercăm să-i găsim explicaţii.

Personaje în trăsuri magice

Pe vasul cu numărul 157 de la Rogozen (Fig.14.d., Fig.14.f.) sunt reprezentate două trăsuri trase de câte patru cai înaripaţi. În trăsura din stânga, lângă vizitiu se află o zeiţă, părul îi ajunge până la umeri, este îmbrăcată într-o haină lungă până la glezne şi are în mâna stângă un vas, iar în dreapta ţine o ramură. Aceste atribute sugerează că este o divinitate a fertilităţii. Pasagerul din cealaltă trăsură este, de asemenea, o divinitate, are părul mai scurt, redat sub forma unor bucle, este îmbrăcat cu un chiton până la genunchi şi ţine în mâini un arc şi o săgeată, acestea sunt atributele principale ale zeiţei Artemis.[138]

Zeiţa cu arc foloseşte animale terestre şi zburătoare pentru a călătorii, ea călăreşte un leu pe cana 155, iar acum stă într-o trăsură zburătoare.

Divinitatea care are drept atribute creanga şi urna este cunoscută din scena hierogamiei de la Letniţa. Este posibil ca cele două să fie mamă şi fiică[139], iar vasul probabil a fost folosit în ritualuri şi festivităţi dedicate celor două zeiţe.

---

[137] Stephan Steingraber, *Abundance of Life: Etruscan Wall Painting*, Getty Trust Publications: J. Paul Getty Museum, 2007, pp. 215-237

[138] Ivan Marazov, *The Rogozen Tresure*, SVYAT Publishers, Sofia, 1983, p. 89

[139] *Ibidem,* Loc.cit.

În unul din mormintele complexului funerar de la Vraţa a fost descoperită o cană decorată cu un bărbat reprezentat în două cadre similare. Personajul se află într-un car tras de patru cai - vehiculul este înzestrat cu aripi, bărbatul ţine hăţurile, nu are barbă, capul îi este descoperit şi poartă o cămaşă de zale cu mâneci scurte (Fig.13.c.). Personajul poate fi zeul Apollo, fratele geamăn al zeiţei Artemis, el este amintit de autori ca având legături cu Tracia, se spune că petrecea lunile de iarnă departe de Grecia în ţara hyperboreenilor (popor mitic din nord care-şi petrecea viaţa dansând şi cântând).[140]

Dacă calul cavalerului reprezintă origine nobilă, atunci caleaşca fantastică denotă importanţa religioasă, autoritate şi superioritate.

Personaje care ţin în mâini vase de cult

Pe coiful de aur descoperit la Băiceni, pe una din plăcuţele de la Letniţa, pe cnemida nr.1 de la Agighiol şi pe cnemida de la Golyamata Mogila – apar personaje masculine călare sau stând pe tron şi ţinând în mâini rhytoane sau fiale.

Pe rhytonul de la Poroina este redată o scenă interesantă (reprezentată în două cadre), în care apar două femei: una dintre femei ţine în mână un rython şi stă aşezată pe un tron, cealaltă stă în picioare cu o mână ridicată şi cu cealaltă aşezată în zona abdomenului.

Conotaţia sacră a acestui tip de vas, simbolul solar şi femeia care asistă la scenă cu mâna ridicată – ar sugera că personajul feminin de pe tron este o zeiţă; detaliile pot fi interpretate şi într-o altă manieră: personajele ar putea fi preotese ale unui cult uranian.

Pe aplica cu hierogamia de la Letniţa, în spatele cuplului se află o zeiţă sau o preoteasă care execută un ritual de binecuvântare şi fertilitate folosind o creangă şi un vas, iar la Rogozen, o zeiţă cu atribute similare apare într-o trăsură trasă de cai înaripaţi.

---

[140] Mircea Eliade, *Istoria credinţelor şi ideilor religioase*, vol.II, Univers Enciclopedic, Bucureşti, 2000, p. 186

Procesiunea animalelor

Animalele sunt văzute de popoarele arhaice ca întruchipări ale zeilor sau ca mesageri ai acestora, asta deoarece au acces la medii inaccesibile oamenilor, au abilitatea de a se ridica în văzduh, pot trăi sub pământ sau în apă, sunt puternice, feroce şi se deplasează cu repeziciune[141].

Pe vasele bogat împodobite cu motive animaliere de la Agighiol, Porţile de Fier şi Rogozen este redat un lung şir de animale reale şi fantastice – acestea merg într-o anumită direcţie (Fig.3.f., Fig.8.b., Fig.14.i.). Ordinea în care apar este aproximativ aceeaşi: personajul principal este vulturul cu corn, acesta ţine un peşte în cioc şi un iepure în gheare, urmează cornute precum cerbul, ţapul şi animalul cu opt picioare.

O parte din aceste vieţuitoare sunt reprezentate şi pe obrăzarele coifurilor de la Peretu şi Porţile de Fier.

Pasărea unicorn, cea care ţine un iepure în gheare şi un peşte în cioc, este întâlnită pe pocalele de la Agighiol, Rogozen şi pe cupa descoperită în zona Porţilor de Fier (aflată acum la Metropolitan Museum din New York); ea mai este redată pe coiful de la Peretu şi pe cel deţinut de Institutul de Artă din Detroit.

Pasărea este supradimensionată şi posedă un atribut supranatural, cornul; este un fel de Pasăre Măiastră, despre care Petre Alexandrescu este de părere că reprezintă o fiinţă divină, care îşi exercita dominaţia supra atmosferei, mediului terestru şi a celui acvatic; I.H. Crişan o consideră întruchiparea zoomorfă a Marelui Zeu, iar după Valeriu Sârbu şi Gelu Florea, acest motiv întâlnit în arta getică este o creaţie originală, „rezultat al asimilării unor motive scito-siberiene şi nord-italice"[142], care indică suveranitatea basileului asupra celor trei zone ale regatului: atmosfera (pasărea), pământul (iepurele) şi apa (peştele).

---

141 Valeriu Sârbu şi Gelu Florea, *Imaginar şi imagine în Dacia preromană*, Editura Istros, Brăila, 1997, p. 58
142 Valeriu Sîrbu şi Gelu Floarea, *Op.cit.*, p. 79-80

Mărimea ghearelor, cornul, abilitatea de a prinde două animale în acelaşi timp, toate acestea ilustrează faptul că pasărea deţinea un rang superior faţă de celelalte animale din mitologia geto-dacilor. Peştele este prins de gură, nu de mijloc, nu pare o victimă ci un atribut al păsării, acest lucru relevă că imaginea ar avea caracter heraldic, ea poate fi simbolul unui personaj important sau stema unei familii.

Nu se poate vorbi de zoolatrie în cadrul religiei tracilor nordici, nu credem că pasărea îl reprezintă pe Zalmoxis, acesta avea înfăţişare umană, lucru ştiut de la Herodot. Suntem de părere că varianta lui Sârbu şi Florea este cea mai apropiată de adevăr. Cert este că motivul vulturului cu corn este o creaţie originală a artei getice.

Cerbul cu opt picioare este o fiinţă care însumează trăsăturile mai multor specii: are coarne de cerb, barbă de ţap, prezintă o serie de smocuri de păr pe spate, care au fost interpretate de unii cercetători ca fiind aripi. După I. Marazov, excesul de membre este un semn al lumii de dincolo, deoarece denotă anormalitate[143].

Pe pocalul de la Porţile de Fier, coarnele enorme ale acestui animal încununează partea superioară a vasului, ele au vârfurile în forma unor capete de vulturi. Modul în care artistul a ales să creeze această scenă, indică faptul că sunt atât de mari încât ajung până în văzduh sau, poate, în mitologia locală, cerul stătea sprijinit pe coarnele acestui cerb fantastic.

În mitologia germanilor, Sleipnir, calul zeului Odin avea, de asemenea, opt picioare, la fel şi caii şamanilor siberieni. Şamanii sunt mediatori între oameni şi zei sau între oameni şi lumea tenebrelor, guvernată de demoni[144].

Adăugarea de trăsături de la alte vieţuitoare are menirea să multiplice puterile, astfel, datorită numărului suplimentar de picioare animalul fuge mai repede, iar coarnele, prin funcţia lor simbolică, reprezintă regenerare, nemurire.

---

[143] Ivan Marazov, *The Rogozen Tresure,* SVYAT Publishers, Sofia, 1983, p. 114
[144] *Ibidem,* Loc.cit.

Pentru I. Marazov, animalul cu opt picioare reprezintă un super-mediator; este o călăuză care îl ajută pe decedat să treacă graniţa în lumea de dincolo sau pe dinastul-preot să păşească pentru scurtă vreme în alte lumi, guvernate de fiinţe supranaturale, spre a primii îndrumare.

Ţapul, în istoria religiilor apare ca distrugător al vegetaţiei, era considerat un duşman al naturii, unul dintre prevestitorii haosului, dar cu alte ocazii imaginea sa este legată de riturile fertilităţii, coarnele fiindu-i asociate cu simbolul abundenţei. În reprezentările din arta getică, ţapul pare a fi un animal magic, are coarne lungi şi prezintă ciudate smocuri de păr.

În cadrul unei iniţieri, păşind pe urmele mediatorului, al călăuzei, poţi trece graniţa dintre lumi, de asemenea, în multe legende, acest animal îi arată regelui drumul către teritoriile pe care le va avea în stăpânire[145].

Cerbul joacă rolul de călăuză în mitologie, vânarea rituală a acestui animal îl poate duce pe vânător către noi teritorii, făcându-l să descopere ţinuturi noi, să-şi îmbunătăţească statutul social sau îi poate arăta calea de ieşire dintr-o situaţie critică[146]. Cerbul este simbolul fecundităţii, al creşterii şi renaşterii[147].

Iconografia şi forma pocalelor de la Agighiol au paralele exacte cu obiecte similare descoperite la Porţile de Fier şi Rogozen. Decoraţiunea cu imagini zoomorfe continuă şi pe fundul pocalelor, unde, un mistreţ este atacat de un animal fioros, în cele mai multe cazuri este vorba de un grifon. În una din scenele de la Agighiol şi în cazul celei de la Metropolitan Museum, această fiinţă fantastică ţine în gură un picior de mamifer. Atât prin poziţia în care este amplasat motivul, cât şi maniera în care este redată, scena are menirea să ilustreze lumea

---

[145] *Ibidem*, pp. 112-113
[146] *Ibidem*, p. 114
[147] Jean Chevalier, Alain Gheerbrand, *Dicţionar de simboluri*, vol. I, Editura Artemis, Bucureşti, 1995, p. 290

tenebrelor, să inspire groază[148] (imagini cu bestii înaripate venite din altă lume, care devorează bucăţi de carne, întâlnim şi pe coiful de la Poiana Coţofeneşti).

După cum bine observă Sârbu şi Florea – un total de patru astfel de vase şi două coifuri stau drept mărturie că imaginea păsării cu corn, a hibridului cu opt picioare şi a grifonului înşfăcând din zbor mistreţul, aveau un înţeles fix şi deosebit de important pentru geţi.

Motivul artistic al confruntării dintre animale

În arta tracică din sec. V-III a.Chr. întâlnim ca prădători leul, lupul şi grifonul, iar ca victime sunt cerbul, căprioara, mistreţul şi taurul.

La Rogozen, pe cănile 155 şi 156, feline atacă erbivore, pe cana 158 patru lupi încolţesc un taur, pe aplicele de la Letniţa un grifon sfâşie un cerb, iar lupul sare în spatele unei căprioare.

Pe două piese de la Letniţa sunt redate singurele scene, din această epocă, în care se confruntă animale puternice, este vorba de lupta dintre un leu şi un grifon, şi de lupta dintre doi urşi (aici, trăsăturile animalelor nu sunt redate foarte clar, în loc de urşi ar putea fi vorba de lupi – în ori ce caz sunt două animale de talie mare).

Semnificaţia acestor imagini reflectă un ansamblu de credinţe sau o poveste mitică. Motivul luptei între animale îşi are obârşia în Mesopotamia şi înfăţişează evenimente cu caracter cosmogonic[149]. E.E. Kuzmina analizând arta scitică, apreciază că lupta dintre animale poate avea o interpretare totemică, scenele ar reprezenta lupta pentru dominaţie între două popoare – această confruntare a contrariilor se reflectă atât în natură, cât şi în cadrul societăţii.[150]

---

[148] Valeriu Sârbu şi Gelu Florea, *Imaginar şi imagine în Dacia preromană*, Editura Istros, Brăila, 1997, p. 81
[149] Care au legătură cu crearea lumii.
[150] Valeriu Sârbu şi Gelu Florea, *Op.cit.*, p. 89

*

Scenele de pe obiectele de artă tracică nu sunt simple ilustrații, ele sunt istorii uitate, mituri și credințe; imaginile au un conținut ideologic pe care nu îl înțelegem, doar îl putem presupune folosind diverse analogii și interpretări.

Decorul care împodobește obiectele este antropomorf și zoomorf, figura umană cea mai dominantă este cea a călărețului, un fel de Făt Frumos al lumii vechi. În cadrul motivului animalier personajul reprezentativ este Pasărea unicorn.

Basileii secolelor V-III a.Chr își considerau divină originea, emblema lor era vulturul cu corn sub dominația căruia se aflau apele și pământul. Obiceiurile din timpul vieții și din cultul funerar demonstrează faptul că ei credeau în propria zeificare[151], erau intermediari între zei și oameni, iar după moarte urmau să atingă imortalitatea, „să ajungă într-un loc mai bun unde vor avea parte de toate bunătățile", așa cum le spusese zeul lor Zalmoxis.

Liderul apare ilustrat plecând la vânătoare și stând pe tron, efectuând libații și sacrificii, el își asuma rolul de personaj semi-divin, erou actual, urmaș al eroului legendar. Cu alte cuvinte, el era eroul societății, aflat pe tron apare reprezentat într-o situație solemnă, săvârșind un ritual prin care își legitima suveranitatea.

În arta tracilor nordici reprezentările feminine sunt asemuite cu divinități, preotese sau personaje cu înalt rang social, asta deoarece posedă aripi, vase de cult și sunt în compania animalelor fantastice.

Iconografia de pe toreutica traco-getică exprimă o ideologie regală, prin această formă de artă conducătorii își povesteau originea divină.

Se știe că tracii cunoșteau unele mituri și legende grecești, cel mai elocvent exemplu este al eroului grec Heracle/Hercule, care apare pe câteva vase de argint descoperite în Bulgaria, la Rogozen și Borovo. Ivan Marazov afirmă că imaginea acestui semizeu este dovada

---

[151] Manfred Oppermann, *Tracii. Între Arcul Carpatic și Marea Egee,* Editura Militară, București, 1988, p. 135

cea mai evidentă a sincretismului dintre tradiţia greacă şi cea a tracilor[152]. Întruchiparea forţei, curajului şi a vitejiei – Heracle este eroul care izbuteşte să treacă toate probele la care este supus. Se poate spune că faptele lui eroice au fost probe iniţiatice şi, reuşind să le treacă, i s-a permis să acceadă la statutul de nemuritor[153], fiind primit în Olimp, în rândul zeilor. Calităţile eroului i-au determinat pe războinici să-l adopte ca model, mai ales că aspiranţii la tron trebuiau să treacă diverse probe spre a-şi demonstra abilităţile. Se observă unele similitudini între legende şi probele la care erau supuşi pretendenţii la tron, de exemplu Heracle ucide leul din Nemmea şi prinde mistreţul de pe muntele Erymanthus, iar viitorii regi macedoneni, înainte de a fi încoronaţi trebuiau să înfrunte un leu[154]; în acelaşi timp tinerii pentru a accede în casta războinicilor aveau misiunea de a ucide un mistreţ.

După cum se vede, în perioadele vechi ale omenirii, tinerii războinici şi pretendenţii la tron trebuiau să depăşească o probă care consta în vânarea unui animal feroce.[155]

Mitul eroului va rezista timpului, pe teritoriul Daciei romane, alături de cultul Cavalerului Trac, îl vom întâlni şi pe Hercule, patronând apele tămăduitoare de la Herculane şi Germisara[156].

Ritualuri, eroizări, iniţieri, personaj înaripat cu atributele zeiţei Artemis/Bendis, erou cavaler (un fel de Hercule geto-dac), vulturi uriaşi, animale feroce şi fantastice – o fascinantă mitologie dispărută, care a necesitat şi va necesita în continuare o muncă colosală de interpretare.

---

[152] Ivan Marazov, *The Rogozen Tresure*, SVYAT Publishers, Sofia, 1983, p. 104
[153] Mircea Eliade, *Istoria credinţelor şi ideilor religioase*, vol. I, Editura Univers Enciclopedic, Bucureşti, 2000, p. 200
[154] Alexander Fol, *Thracian treasures from Bulgaria*, Committee for Culture, Bulgaria, 1979, p. 19
[155] Ivan Marazov, *Op.cit.*, pp. 106-107
[156] Constantin Preda, *Enciclopedie de numismatică antică în România*, Editura Enciclopedică, Bucureşti, 2008, p. 149

Capitolul 4

REPREZENTĂRI ARTISTICE DIN EPOCA REGATULUI DAC

După perioada de glorie din secolele V-III a.Chr., puterea getică cunoaşte un moment de regres datorat invaziei celţilor în Peninsula Balcanică şi a bastarnilor în Moldova. Începând cu sfârşitul secolului al III-lea a.Chr., se produc mutaţii importante în cadrul societăţii locale, descoperirile cu caracter figurativ sunt mult mai rare, dispar bogatele morminte tumulare, iar populaţia trece de la un cult funerar biritual, la practicarea ceremoniilor de incineraţie.

În sec. I a.Chr., în Transilvania, elementul celtic este în decădere – fiind asimilat sau izgonit de nativii daci. Ştim de la Trogus Pompeius că în timpul regelui Rubobostes puterea dacilor a crescut; din acest moment, treptat, se intensifică procesul de cristalizare al triburilor din regiune, lucru care culminează cu apariţia regatului condus de Burebista[157], cel mai mare şi mai puternic dintre regii din Tracia.

În această perioadă are loc renaşterea elitelor locale, apar sanctuare circulare şi patrulatere ridicate din piatră şi lemn, un nou tip de cetăţi sunt clădite, iar nucleul puterii autohtonilor se mută din aria extracarpatică în arcul intracarpatic. Coifurile, cnemidele, rhytoanele şi aplicele de harnaşament – toate acestea dispar în epoca regatului, împreună cu basileii care aveau drept model curentele culturale, politice şi militare venite dinspre stepele nord-pontice, Macedonia, Grecia şi Imperiul Persan[158]. Dispar simbolurile „extravagante" ale statutului social, dar se confecţionează noi tipuri de podoabe: fibule, brăţări, lanţuri şi falere.

---

[157] Manfred Oppermann, *Tracii. Între Arcul Carpatic şi Marea Egee,* Editura Militară, Bucureşti, 1988, pp. 165-166
[158] Valeriu Sârbu şi Gelu Florea, *Imaginar şi imagine în Dacia preromană*, Editura Istros, Brăila, 1997, p. 92

Câteva dintre temele artistice caracteristice perioadei timpurii a artei getice s-au perpetuat în vremea Regatului Dac, reîntâlnim imaginea cavalerului, personajele feminine cu aripi şi cu vase de cult în mâini, vulturul, şarpele, grifonul.

Lipseşte scena sacrificiului, cea a vânătorii, figura personajului care stă pe tron dispare şi ea, la fel şi Pasărea unicorn, animalul cu opt picioare şi celelalte patrupede întâlnite în acea fascinantă şi bizară procesiune a animalelor.

Spre deosebire de perioada anterioară, în reprezentările din secolele I a.Chr.-I p.Chr., călăreţul în loc de lance preferă scutul sau sabia. Figura lui este reprezentată pe falerele de la Surcea, Lupu, Galice, Iakimovo şi pe plăcuţa de bronz de la Polovragi.

Călăreţul de la Surcea poartă armură, este înarmat cu o sabie lungă şi dreaptă, pe care o ţine la brâu, introdusă în teacă (Fig.16.). Din descoperirile arheologice şi din artă (Columna lui Traian, monumentul de la Adamclisi) se cunoaşte faptul că dacii foloseau în special săbiile curbe, precum sica şi falx-ul, dar, după cum se observă, utilizau ocazional şi această spadă lungă de inspiraţie celtică[159].

Deasupra călăreţului se găseşte un vultur, iar sub cal este redat un câine. Vulturul are atitudinea unei călăuze, s-ar putea presupune că zeul cerului, reprezentat sub formă de pasăre, îl ocroteşte pe călăreţ în aventura care va urma să o întreprindă. După o altă interpretare, călăreţul, el însuşi o divinitate, are ca atribut vulturul, simbolul înălţimilor[160].

Aceste ilustraţii reprezintă un limbaj codificat, mesajul este transmis într-o formă metaforică şi relatează un mit, care din păcate s-a pierdut în timp.

Pe faţa plăcuţei din bronz, de formă dreptunghiulară, descoperită în cetatea geto-dacică de la Polovragi, apare un

---

[159] Sorin Nemeti, *Zei cavaleri în spaţiul nord-balcanic (sec. V a.Ch. - I p.Ch.)*, în Ephemeris Napocensis, IX-X, 1999-2000, p. 120
[160] Valeriu Sârbu şi Gelu Florea, *Imaginar şi imagine în Dacia preromană*, Editura Istros, Brăila, 1997, pp. 103-104

călăreţ care se deplasează spre stânga, are barbă şi este flancat de două personaje îmbrăcate după moda greco-romană, ele au braţul drept ridicat, în semn de adoraţie sau de protecţie la adresa lui. Acest amănunt este deosebit de important, dacă personajele fac un gest de adoraţie se demonstrează faptul că figura călăreţului reprezintă o zeitate[161].

Pe cele două falere de argint de la Lupu, călăreţul poartă un scut mare, oval, cu umbro central, are capul descoperit, chipul imberb şi face un gest cu mâna dreaptă ridicată (Fig.19.c.), gestul ar putea fi interpretat ca un semn de protecţie trimis către credincioşi, ca un salut sau ca o implorare.

Reprezentări asemănătoare au fost descoperite şi la sud de Dunăre – la Galice şi Iakimovo. Pe una din falerele de la Galice este redat un cavaler, întregul corp îi este acoperit cu o mantie de mari dimensiuni[162], nu se observă a fi înzestrat cu nici o armă (Fig.21.).

Pe o cupă conică din tezaurul de la Iakimovo apare un călăreţ imberb, care se deplasează cu calul la pas spre dreapta, din păcate vasul este deteriorat lucru ce a făcut ca multe detalii să se piardă, totuşi se observă că purta la brâu o sabie.

Sorin Nemeti este de părere că figura călăreţului din această perioadă apare redată şi pe vasele de ceramică, este deci accesibilă şi meşterilor care produc obiecte mai ieftine, acest lucru reflectă faptul că personajul călare nu mai face parte dintr-o mitologie a elitelor, ci reprezintă o imagine sacră în cadrul unei religii organizate[163]. Sârbu şi Florea concluzionează că, dintr-un heros, se pare că personajul s-a transformat într-o divinitate propriu-zisă[164].

---

[161] Manfred Oppermann, *Tracii. Între Arcul Carpatic şi Marea Egee,* Editura Militară, Bucureşti, 1988, p. 190

[162] Sorin Nemeti, *Zei cavaleri în spaţiul nord-balcanic (sec. V a.Ch. - I p.Ch.),* în Ephemeris Napocensis, IX-X, 1999-2000, p. 119

[163] *Ibidem,* p. 125

[164] Valeriu Sârbu şi Gelu Florea, *Imaginar şi imagine în Dacia preromană*, Editura Istros, Brăila, 1997, p. 94

Imaginii călăreţului i se asociază **reprezentări feminine**. Pe fibulele triunghiulare şi pe cele care au formă de disc, descoperite în tezaurele de la Coada Malului (Fig.18.), Bălăneşti şi Bucureşti-Herăstrău (Fig.17.), sunt redate imagini similare din punct de vedere stilistic[165]. Obiectele, realizate din argint, au ca decor un chip uman încadrat de două bucle de păr, acelaşi personaj (cu trăsături grosolane) apare şi pe medalionul de la Popeşti (acesta este unul din puţinele obiecte de aur din această perioadă). Este dificil de precizat sexul personajului ilustrat şi nici dacă reprezintă un muritor sau o zeitate, interpretările propuse pentru identificarea acestor necunoscute sunt contradictorii, dar este posibil ca figurile să redea o divinitate feminină; în sprijinul acestei supoziţii vine o descoperire din Bulgaria, de la Iakimovo, este vorba despre o faleră decorată în stil asemănător cu piesele pomenite mai sus, pe ea se observă cu certitudine imaginea unei zeiţe înzestrată cu aripi (acest atribut reprezintă condiţia divină)[166]. Îmbrăcămintea, coafura, trăsăturile feţei şi podoabele sunt asemănătoare cu cele pe care le poartă personajele de pe obiectele de la nord de Dunăre.

La Galice, tot pe o faleră, este redat un bust feminin (Fig.21.), personajul are părul împletit în două codiţe, pe gâtul foarte lung poartă mai multe coliere, iar în dreptul umerilor are reprezentate două păsări, probabil porumbei (simbol al zborului, al mediului celest). Trăsăturile feţei, coafura şi vestimentaţia o asemuiesc cu zeiţa de la Iakimovo şi cu celelalte personaje feminine care apar pe obiectele de metal din această perioadă.

Zeiţa înaripată apare şi pe una dintre plăcuţele de la Lupu, ea este flancată de două animale (Fig.19.a.), imaginea aminteşte de zeiţa de pe cana 158 de la Rogozen (Fig.14.g.).

Este dificil de precizat identitatea acestei zeiţe, unele ipoteze afirmă că este Marea Zeiţă a tracilor – Bendis; cert

---

[165] Mihai Gramatopol, *Studia III*, Editura Transilvania Expres, Braşov, 2008, p. 208

[166] Manfred Oppermann, *Tracii. Între Arcul Carpatic şi Marea Egee,* Editura Militară, Bucureşti, 1988, p. 194

este că, la Lupu, imaginea reprezintă o ipostază de tip stăpâna animalelor, motiv iconografic întâlnit în credinţele multor civilizaţii.[167]

Din acelaşi tezaur mai fac parte două piese, pe ele sunt redate personaje feminine (fără aripi), acestea sunt îmbrăcate în costume ceremoniale decorate cu podoabe (Fig.19.b.). Una dintre femei ţine în mâna stângă un vas, iar în dreapta un obiect lung, greu de identificat. Cealaltă ţine şi ea acelaşi obiect lung în mână, în proximitatea ei se află unul din animalele care o acompaniau pe zeiţa înaripată. Cele două femei sunt însoţitoare ale zeiţei sau preotese în cadrul cultului închinat acestei divinităţi, poate chiar regine sau prinţese.

Obiectele de podoabă au fost decorate şi cu motive zoomorfe, brăţările de aur şi de argint au extremităţile stilizate aidoma capetelor de şerpi, chiar forma acestor piese se aseamănă foarte mult cu trupul unui şarpe. Acest animal a jucat un rol important în imaginarul local, după J. Prieur, simbolul are dublă conotaţie: una malefică şi alta benefică – el indică forţele întunericului sau pe cele protectoare[168]. Deoarece imaginea lui împodobeşte bijuterii, este de presupus că în situaţia de faţă reprezintă un simbol apotropaic (protector).

În cadrul tezaurului de la Lupu, care conţine obiecte al căror scop pare să fi fost acela de a decora un veşmânt ceremonial[169], are loc o luptă între **vultur şi şarpe** (Fig.19.d.); simbolul celest este contrapus celui htonian, tema aminteşte de pasărea cu corn. După Sârbu şi Florea, imaginea poate reprezenta emblema unei divinităţi celeste care avea în stăpânire şi mediul terestru[170].

Bourul apare pe fragmentele „scutului" descoperit în 1949 la Piatra Roşie şi pe un alt astfel de artefact recuperat din Germania, unde fusese vândut în mod ilicit. Imaginea

---

[167] Valeriu Sârbu şi Gelu Florea, *Imaginar şi imagine în Dacia preromană*, Editura Istros, Brăila, 1997, p. 95
[168] *Ibidem*, p. 100
[169] Ioan Glodariu, Vasile Moga, *Tezaurul dacic de la Lupu,* în „Ephemeris Napocensis", IV, 1994, p. 46
[170] Valeriu Sârbu şi Gelu Florea, *Op.cit.,* p. 100

are un caracter heraldic, pare a fi emblema unui personaj important sau a unei familii din rândul elitei militare.

Universul imaginar al acestor traci rămâne populat cu fiinţe fabuloase – încă dăinuie în arta şi spiritualitatea geto-dacilor **imaginea grifonului**. Acest animal fantastic, născut în mitologia orientului antic, este redat într-o poziţie heraldică pe unul din scuturile de la Piatra Roşie (Fig.20.) şi pe falera rotundă de la Surcea (Fig.16.).

Toate aceste animale, care împodobesc obiecte de artă, au fost alese pentru funcţiile lor simbolice.

În perioada secolelor I a.Chr.-I p.Chr., ornamentele antropomorfe şi zoomorfe apar în special pe piesele de podoabă, imaginile sunt întâlnite chiar şi pe recipientele realizate din lut, iar aria în care acestea se găsesc cuprinde şi interiorul arcului carpatic.

Secvenţele iconografice al căror personaj principal era cavalerul se împuţinează, se remarcă şi numărul mai redus de motive animaliere.

Existenţa unei divinităţi feminine este confirmată de personajul înaripat care apare pe piesele de la Lupu şi Iakimovo. În cazul acestor tezaure divinitatea feminină este asociată cu cavalerul, din păcate mitologia care înconjoară aceste personaje este greu de reconstituit, nu se ştie dacă formează un cuplu, dacă sunt mamă şi fiu, sau fraţi.

Conform lui Valeriu Sîrbu şi Gelu Florea, este posibil ca de-a lungul vremii imaginea cavalerului să se fi transformat într-o icoană, dintr-un erou să fi devenit în ochii credincioşilor un zeu, dar aceasta este doar o supoziţie.

Imaginile grifonului, leului şi bourului apar pe „scuturile" de fier de la Piatra Roşie, Gelu Florea le cataloghează drept adevărate capodopere ale artei din Munţii Orăştiei şi ale meşteşugului prelucrării fierului, realizarea lor implicând cunoştinţe tehnologice avansate şi un talent artistic remarcabil[171].

---

[171]Gelu Florea şi alţii, *Când viaţa cotidiană devine patrimoniu UNESCO - Incursiuni dacice în spaţiul virtual*, Editura Only One, Cluj-Napoca, 2016, p. 146

Numărul redus al pieselor confecționate din aur, găsite pe parcursul celor două secole dinaintea cuceririi romane, a dus la formarea opiniei, conform căreia – aurul ar fi fost rezervat doar suveranilor. Este dificil de precizat dacă regalitatea putea exercita un monopol atât de sever. Poate fastul și opulența din secolele anterioare erau acum înlocuite cu podoabe mai sobre din pricina unor cutume de ordin religios[172] sau poate nobilii preferau tezaurele monetare în schimbul „pompoaselor" costume ceremoniale.

Este cunoscut faptul că după cucerirea Daciei de către Traian, comoara regelui Decebal și alte bogății au căzut în mâinile romanilor, pierzându-se astfel numeroase obiecte inestimabile, care ar fi putut pune într-o altă lumină istoria dacilor. Cel mai elocvent exemplu, care revelează calitatea artei locale, este matrița de bronz descoperită la Sarmizegetusa Regia în vara anului 2013. Animalele autohtone (țap, urs, mistreț, taur, zimbru), exotice (lei, leopard, hipopotam, elefant, rinocer) și fabuloase (grifoni, lei înaripați) redate pe ea, ne arată că în perioada Regatului lui Decebal exista în Dacia o artă splendidă. Reîntâlnim din nou tema luptei dintre animale, obiectele realizate cu această matriță erau destinate unei clientele locale înstărite – aristocrați, preoți, regi.

Gelu Florea afirmă că este vorba de un univers iconografic coerent, iar mesajele exprimate prin intermediul artei corespund ideologiei promovate de elitele locale.

Piesa este unicat, dimensiunile, greutatea, forma, materialul, toate o deosebesc de celelalte obiecte de acest tip descoperite în lume.

Colecția de animale redate pe ea este impresionantă, bestiarul real se împletește cu cel fantastic, animale specifice continentului european sunt contrapuse animalelor exotice, tipice climatului african. Întâlnirea se desfășoară ca într-o arenă de lupte, confruntarea este pe viață și pe moarte. Hipopotamul este devorat de lei

---

[172] Valeriu Sârbu și Gelu Florea, *Imaginar și imagine în Dacia preromană*, Editura Istros, Brăila, 1997, p. 116

înaripați, un taur este strangulat cu trompa de către elefant, rinocerul se află în luptă cu un zimbru și cu o felină mare. Lei devorează un cal și un taur. Un cornut este devorat de grifoni cu cap de vultur.

Una din cele mai interesante scene este confruntarea dintre un leopard și un taur, scena este specială deoarece taurul poartă o centură, podoaba este specifică animalelor duse la sacrificiu sau a celora care luptă în arenă[173].

Pornind pe urmele afirmațiilor lui Dio Cassius și Plinus Secundus, Gelu Florea identifică câteva posibilități prin care matrița ar fi putut ajunge la Sarmizegetusa, prima propunere aduce în discuție pacea încheiată între Decebal și Domițian, în urma căreia regele dac primește sume de bani și meșteri pricepuți. Cea de a doua propunere are în vedere schimbul de daruri cu un rege prieten, cum ar fi Pacorus al parților.[174]

---

[173] Gelu Florea (coordonator), *Matrița de bronz de la Sarmizegetusa Regia*, Editura Mega, Cluj-Napoca, 2015 p.63
[174] *Ibidem*, p.145

Capitolul 5

ANIMALE REALE ȘI FANTASTICE

Reprezentările zoomorfe sunt foarte răspândite pe teritoriul Daciei, ele apar pe vase din metal prețios, pe coifuri, cnemide, podoabe, piese de harnașament, pe partea centrală a „scuturilor" descoperite la Piatra Roșie și pe matrița de la Sarmizegetusa Regia.

Ion Horațiu Crișan afirmă că unele dintre aceste animale întruchipează atribute ale unor divinități.

Este cunoscut faptul că, asemenea cuvintelor scrise, simbolul animalului transmite mesaje.

Animalele reale întâlnite în iconografia geto-dacilor sunt: taurul, țapul, berbecul, cerbul, ursul, mistrețul, calul, vulturul, șarpele, lupul. Imaginarul artistic al geto-dacilor era populat cu grifoni, hipogrifi, animale supranaturale și, nu în ultimul rând, cu *draconul dacic* (faimosul balaur cu cap de lup și trup de șarpe care șuiera a moarte).

Despre **Pasărea unicorn**, **animalul cu opt picioare**, **țap** și **cerb** am discutat la finele capitolului al 3-lea.

Ursul este întâlnit pe o serie de aplice frontale de harnașament, descoperite în mormântul de la Agighiol, cele șase piese de argint, pe relieful cărora apare reprezentat acest puternic animal, sunt identice cu o piesă aflată în componența tezaurului de la Craiova. Pe lângă rolul important pe care îl avea în cadrul vânătorilor inițiatice, datorită forței sale excepționale, ursul era admirat și pentru capacitatea de a hiberna (după concepții arhaice, lucru echivalent cu renașterea). Simbol htonian, lunar și nocturn, unele popoare îl considerau strămoșul lor, iar la celți reprezenta simbolul clasei războinice.[175]

Taurul exprimă putere, vitalitate și fertilitate inepuizabilă, în religiile indo-mediteraneene este pus în

---

[175] Jean Chevalier, Alain Gheerbrand, *Dicționar de simboluri*, vol. III, Editura Artemis, București, 1995, pp. 416-418

relaţie cu riturile uraniene, tradiţia greacă consacră acest animal zeilor Poseidon, Dionysos şi Zeus.[176] Imaginea taurului cu simbol solar în frunte este întâlnită printre piesele de harnaşament din tezaurul de la Craiova şi pe rhytonul de la Poroina.

Berbecul, simbol al fertilităţii, animal sacru la multe popoare, la geto-daci apare ca animal sacrificat pe obrăzarele coifului de la Poiana Coţofeneşti şi pe protomele care înnobilează brăţara de aur descoperită la Iaşi.

Bourul, boul-urs, apare pe „scuturile" dacice de la Piatra Roşie, este un animal periculos, cu o forţă excepţională, vânat cu predilecţie de regi, pentru a putea fi răpus este hăituit zile la rând. În timpul unei astfel de vânători, un bour îl duce pe Dragoş în „ţară nouă", în Moldova[177].

Calul, asemenea câinelui, şi el se află în slujba omului. În mentalul popular românesc este „cel mai frumos, mai nobil şi mai deştept dintre toate animalele". Simte primejdia şi moartea. În arta arhaică femeile călare sunt o raritate[178], ele călăresc monştrii nu cai, ele sunt fiinţe supranaturale, nu oameni. Calul îi poartă pe eroi, zei şi muritori de o potrivă, imaginea fabuloasă a calului este reprezentată de Pegas (calul înaripat) şi de celebrul Inorog.

Câinele este cel mai vechi tovarăş al omului, reprezintă imaginea loialităţii, apărător al stăpânului şi al gospodăriei, părtaş la vânătoare. Romulus Antonescu îl consideră duşman al fratelui lup şi patruped cu rol de ghid, deoarece căţeaua Molda îl conduce pe Dragoş pe un tărâm „necunoscut", asupra căruia, voievodul Maramureşean va pretinde drepturi de domnie. Figura fantastică a câinelui, Cerberul, păzeşte intrarea în lumea morţilor, se mai spune despre câine că urletul său este prevestitor de moarte.[179]

Iepurele, simbol al primăverii şi al fertilităţii, apare în arta locală pe pocale de argint, pe coifurile de la Peretu şi

---

[176] *Ibidem,* p. 337
[177] Romulus Antonescu, *Dicţionar de simboluri şi credinţe tradiţionale româneşti*, ediţie digitală, 2016, pp. 73-74
[178] *Ibidem,* pp. 95-102
[179] *Ibidem,* pp. 129-132

Porţile de fier ca atribut al Păsării cu corn. La tracii odrisi este întâlnit pe cnemida de la Goliamata Mogila.

Peştele, şi el apare ca atribut al păsării cu corn, într-o postură ce simbolizează mediul acvatic.

Mistreţul este o fiară înfricoşătoare, simbol al animalităţii şi al naturii sălbatice. În mitologia greacă zeul Ares se preschimbă în mistreţ, iar zeiţa vânătorii, Artemis, trimite astfel de fiare să distrugă recoltele oamenilor care nu îi închinau ofrande.

Datorită periculozităţii sale, mistreţul a reprezentat întotdeauna un trofeu de vânătoare extrem de râvnit. Vânătoarea de mistreţ a fost considerată o activitate nobilă, încărcată de semnificaţii simbolice, la fel ca vânătoarea altor animale puternice.[180]

Leul, deseori antagonist al eroului, este încarnarea puterii, reprezintă atât forţa cât şi nobleţea[181]. În tezaurul de la Craiova se găseşte o aplică frontală sub formă de cap de leu, animalul mai apare la Letniţa, Vraţa, Rogozen şi pe un scut de la Piatra Roşie.

Vulturul este pasărea care simbolizează marile divinităţi, la greci era încarnarea lui Zeus, la egipteni, despre faraon se credea că ar fi întruchiparea lui Horus. Frecvenţa cu care imaginea vulturului apare în simbolistica animalieră indică locul privilegiat pe care îl ocupau păsările de pradă în mitologia strămoşilor noştri.

Vulturul apare pe una din cnemidele de la Agighiol, el este reprezentat ca atribut al unui personaj care stă pe tron, placa de la Surcea este singurul loc în care vulturul apare într-o scenă împreună cu călăreţul (Fig.16.). În aşezările de la Popeşti şi Tinosu (din Câmpia Munteniei), în urma săpăturilor au fost scoase la lumină capace de vase având forma unor capete de vulturi, fragmente de ceramică pictată din Munţii Orăştiei conţin reprezentări ale aceleiaşi păsări. După Sârbu şi Florea, ceea ce surprinde în cazul

---

[180] Anna Ferrari, *Dicţionar de mitologie greacă şi romană*, Polirom, 2003, p. 424

[181] Jean Chevalier, Alain Gheerbrand, *Dicţionar de simboluri*, vol. II, Editura Artemis, Bucureşti, 1995, p. 211

acestor imagini pictate este poziţia satirică a păsărilor, acestea fiind redate cu aripile nedesfăcute, dar aşezate în registrele superioare ale vaselor, lucru care indică o logică a decoraţiei ce transmite un mesaj mitologic[182].

Vulturul, în mitologiile lumii este simbolul soarelui, al înălţimilor, este mesagerul divinităţii sau încarnarea acesteia.[183] Regele păsărilor stă domesticit pe braţul personajului masculin de pe cnemida nr.1 de la Agighiol, el este pus în legătură directă cu figura suveranului sau a divinităţii.

Varianta fabuloasă a vulturului, Pasărea unicorn, despre care am discutat, apare dominând simboluri terestre şi acvatice pe coifuri şi pocale.

Grifonul este un animal fantastic apărut în lumea artistică a Orientului antic. Pe teritoriul Daciei decorul grifonului este întâlnit la Ocniţa (Ocnele Mari, jud. Vâlcea), unde s-a descoperit un pandantiv semilunar cu doi „grifoni-panteră" afrontaţi faţă de un cap de taur.

Valeriu Sârbu şi Gelu Florea sunt de părere că:

> „Piesa ar putea fi un import, însă chiar şi aşa ea ar constitui un vector al figuraţiei fantastice. Chiar faptul că a fost procurat şi folosit de indigeni este semnificativ în privinţa faptului că universul lor imaginar era populat de fiinţe fabuloase."[184]

Persistenţa în arta şi spiritualitatea geto-dacilor a acestui decor este dovedită şi de descoperirea de la Surcea, pe una dintre falerele tezaurului de aici este întâlnit un grifon cu trup de leu (Fig.16.). În mitologie, grifonii sunt asociaţi simbolurilor solare, de asemenea, ei mai posedă funcţia de gardieni ai comorilor şi păstrători ai tainelor.

Grifonul combină puterea terestră a leului şi energia celestă a vulturului, este simbol al forţei şi vigilenţei dar şi obstacol ce trebuie depăşit pentru a avea acces la lucruri de

---

[182] Valeriu Sîrbu şi Gelu Florea, *Op.cit.*, p. 104
[183] Jean Chevalier, Alain Gheerbrand, *Dicţionar de simboluri*, vol. III, Editura Artemis, Bucureşti, 1995, p. 475
[184] Valeriu Sîrbu şi Gelu Florea, *Op.cit.*, p. 102

mare preţ[185]. Pe artefactele din arealul geto-dacilor întâlnim grifoni-lei, grifoni-lupi, grifoni-vulturi.

Şerpi cu capete de pasăre, după părerea lui Dan Oltean, aceste făpturi compozite sunt întâlnite pe obrăzarul stâng al coifului de aur descoperit la Băiceni (în judeţul Iaşi); istoricul afirmă:

> „Este singura fuziune a celor două animale din toată arta getică. În alte tezaure datând din aceeaşi vreme, cum sunt cele de la Agighiol sau Craiova, şarpele şi păsările se situează pe poziţii antagonice şi sunt redate distinct [...] Cerul stă deasupra pământului, tot aşa cum pasărea încearcă să domine şarpele. Cea mai veche reprezentare a acestui tip, în care şarpele este duşmanul păsării, apare pe o sabie de tip akinakes, descoperită la Megidia. Ultimul motiv de acest fel se găseşte pe două dintre plăcuţele tezaurului descoperit în localitatea Lupu (jud. Alba), din secolul I î.Chr. [...] Tot separat vor fi înfăţişate cele două animale şi în vremea puternicului regat din Transilvania."[186]

Şarpele era considerat animal sfânt în Grecia antică, celţii credeau într-un şarpe cu coarne din oul căruia a luat naştere lumea. La germani şi la slavi, şarpele personifica divinitatea protectoare a casei, căreia i se aducea un sacrificiu atunci când se începea construcţia unei noi locuinţe. Şarpele este foarte utilizat în iconografia civilizaţiei geto-dacice, protoma lui decorează marile spirale de aur şi argint (brăţări), folosite, după părerea lui Florin Medeleţ, ca podoabe la un veşmânt purtat în cadrul unor ocazii speciale.

V. Pârvan, referindu-se la utilizarea şarpelui în artă ne spune:

> „Această imagine, ca toate simbolurile respingătoare purtate ca amulete, nu reprezintă în La Tene-ul dacic un

---

185 Jean Chevalier, Alain Gheerbrand, *Dicţionar de simboluri*, vol. II, Edit. Artemis, Bucureşti, 1995, p. 114
186 Dan Oltean, *Op.cit.*, p. 132

element de cult propriu-zis, ci o formă de superstiţie populară, de simbol utilitar, pornind de la credinţa străveche în talismane, purtate pentru apărarea împotriva răului şi a nenorociri"[187] [...] „Pentru La Tene-ul dacic animalul clasic împotriva deochiului şi a tuturor accidentelor demonice e şarpele."[188]

Interpretarea semnificaţiei şarpelui este dificilă, după cum am mai spus, J. Prieur subliniază că acest animal exprimă fie forţele întunecate şi secrete ale pământului, fie că are o latură benefică, călăuzitoare.

Motivul şarpelui este des ilustrat în toreutica traco-getică, el apare pe cnemidele de la Agighiol, Vraţa şi Golyamata Mogila, pe coiful de la Băiceni, pe aplica cu leu şi grifon de la Letniţa, tot aici, în faţa unui personaj feminin este redat un şarpe uriaş cu trei capete. Este posibil ca el să fie reprezentat într-o postură malefică, menită să inspire groaza, dar în alte situaţii să aibă şi o atitudine benefică, cum este cazul coifului de la Băiceni.[189]

Lupul era considerat la celţi, germani şi scandinavi un animal sacru. În Dacia, acest animal apare figurat pe vasele pictate descoperite în regiunea capitalei Sarmizegetusa Regia şi printre statuetele de la Cârlomăneşti.

Mircea Eliade, în scrierile sale, consideră lupul un animal emblematic pentru elitele războinice, de la care dacii şi-ar fi însuşit numele etnic: „dacii se numeau ei înşişi mai demult «lupi», sau «cei care sunt asemenea lupilor», «cei care seamănă cu lupii»"[190]. În multe culturi, carnasierul are conotaţii negative, dar ca vânător eficient este posibil să fi întrupat calităţile preţuite de luptători.

Dan Oltean spune: „în vreme de război, dacii se poartă asemenea lupilor"[191], istoricul îşi susţine opinia aducând drept mărturie faptul că dacii îşi atacau duşmanii precum lupii, pe timpul iernii, lucru demonstrat de atacurile

---

[187] Vasile Pârvan, *Op.cit.*, p. 641

[188] *Ibidem*, p. 642

[189] Valeriu Sârbu şi Gelu Florea, *Op.cit.*, p. 89

[190] Mircea Eliade, *De la Zalmoxis la ...*, p. 11

[191] Dan Oltean, *Op.cit.*, p. 333

dacilor în sudul Dunării în 85-86 p.Chr. şi bătălia de la Adamclisi din 102 p.Chr.

Lupul este sinonim cu sălbăticia, imaginea sa este pozitivă atunci când personifică un erou războinic sau un strămoş mitic, cealaltă faţă este reprezentată de aspectul infernal, de devorator[192].

Stindardul dacic, format dintr-un cap de lup, căruia i se alătură un trup de şarpe, relevă funcţia sacră a acestui animal şi în mitologia locală.

Balaurul dacic. Stindardul dacilor – draconul, supranumit şi *Draco*, este un animal metaforic ce posedă cap de lup şi corp de şarpe/balaur. Această variantă fabuloasă a imaginii şarpelui este întâlnită pe Columna lui Traian şi pe vasul descoperit la Budureasa în judeţul Prahova. Au existat numeroase încercări de a descifra originea şi simbolismul acestei creaturi, cele mai importante contribuţii în acest sens le-au avut Vasile Pârvan, Mircea Eliade şi Silviu Sanie.

V. Pârvan numeşte balaurul „stindard naţional dacic", al cărui cap de lup este un animal fantastic pre-scytic, iar trupul de şarpe „care se zbate în bătaia vântului este imaginea înseşi a furtunei".[193] În opinia marelui nostru învăţat, obţinut printr-un sincretism religios, stindardul îşi are originile în lumea Assyro-Babiloniană şi nu reprezintă şarpele subpământean, ci un demon al văzduhului, „e ca şi zmeul din mitologia slavo-română, divinitate multiformă"[194], care zboară peste munţi şi peste ape răspândind groază muritorilor şi eroilor. „Balaurul purtat în suliţă e un stindard, dar are tot atât de mult aerul unui monstru biruit, purtat în triumf de biruitor".[195]

A. Nour afirmă despre *Draco*, că înfăţişează un motiv ornamental, fără rezonanţă religioasă care aparţine artei scitice din înrudirea acesteia cu arta cimeriană. Domnia sa ne mai spune:

---

[192] Jean Chevalier, Alain Gheerbrand, *Dicţionar de simboluri*, vol. II, Edit. Artemis, Bucureşti, 1995, pp. 250-251
[193] Vasile Pârvan, *Op.cit.*, p. 521
[194] *Ibidem,* p. 641
[195] *Ibidem, Loc.cit.*

> „Acest balaur, lipsit de orice înrudire ideologică cu «zmeul» mitologiei noastre populare, trebuie considerat [...] cel mult o stilizare imperfectă a unei superstiții confuze, rezultat al unui șir lung de procese sincretistice, în care nici capul nu sugerează în linii perfecte pe lup, nici trupul nu prezintă indiscutabil pe șarpe."[196]

După A. Nour, draconul nu este întâlnit la popoarele tracice din sudul Dunării, icoanele votive ale „zeilor Cavaleri" ce poartă în mănă stindardul, chiar și cele care au fost descoperite în regiuni mai îndepărtate, aparțin populațiilor de la nord de fluviu.

D. Tudor îl consideră o imagine simbolică a victoriei; M. Eliade subliniază esența mistică și mitică a lupului în imaginarul elitelor războinice ale dacilor, iar S. Sanie este cel care a emis ipoteza că *Draco* a fost un fel de zeu mobil sau stabil, care întrunea atributele divinității supreme.

Valeriu Sârbu și Gelu Florea consideră că:

> „stindardul dacilor reprezintă o îmbinare simbolică între cele două animale cu profunde semnificații în mitologia geto-dacilor: lupul ca vânător (luptător), prin excelență, de la indo-europenii nomazi și războinici, iar șarpele ca expresie a regenerării (nemuririi), transmis de la agricultorii neo-eneolitici. Iată, deci, două din trăsăturile caracteristice ale geto-dacilor: luptătorul viteaz și neînfricat și credința în nemurire, exprimate atât de sugestiv în stindardul lor."[197]

Meșterii lui Apollodor din Damasc au sculptat pe Columna lui Traian multiple reprezentări ale balaurului, acesta era purtat în luptă de nobilii daci (pileații/tarabostes), care în majoritatea cazurilor luptau călare și utilizau balaurul care se umfla și urla în bătaia vântului. Aproape întotdeauna cei care poartă stindardul

---

[196] Andrei Nour, *Cultul lui Zalmoxis...*, Edit. Antet XX Press, Filipeștii de Târg, Prahova, 2010, p. 49
[197] Valeriu Sîrbu și Gelu Florea, *Op.cit.*, p. 85

sunt tarabostes, excepţie făcând scena 59 de pe columnă, unde este purtat de un comati (un om din popor).

Dan Oltean ne spune:

> „Stindardul dacic departe de a fi un zeu, aşa cum susţine Pârvan, nefiind nici demon, cum opinează Blaga, este înainte de toate un totem. În el se regăsesc două din animalele venerate cu precădere de dacii din interiorul arcului carpatic: lupul şi şarpele."[198]

Acelaşi autor consideră că reprezentările zoomorfe ilustrează triada care domina panteonul străbunilor noştri. În opinia domniei sale, vulturul, lupul şi şarpele simbolizează zeităţile cerului, războiului şi pământului, iar draconul:

> „apare numai la triburile dacice din Transilvania, care se considerau atât prin nume cât şi prin comportament a fi urmaşii lupului"[199]; „purtat prin aer în toiul luptelor indică prezenţa alături de războinici a tuturor zeităţilor majore. Zeul războiului este actualizat prin capul de lup, divinitatea pământească prin coada de balaur, iar zeitatea cerească este invocată prin purtarea stindardului deasupra oştirii, ca o ipostază a zborului."[200]

Stindarde asemănătoare cu draconul dacilor sunt întâlnite şi în alte spaţii geografice, la sciţi şi la celţi de exemplu.

Draco nu a dispărut după cucerirea Daciei de către romani, el apare pe monedele cu efigia Dacia, emise de ultimii împăraţi ai Imperiului Roman, care au stăpânit la nordul Dunării; iar la Moigrad s-a descoperit o insignă de legionar, ce are pe ea forma şarpelui cu cap de lup. De asemenea, se cunoaşte că unele legiuni romane au preluat,

---

[198] Dan Oltean, *Op.cit.*, p. 147
[199] *Ibidem*, p. 138
[200] *Ibidem*, p. 334

după aproape un secol de la cucerirea Daciei, stindardul cu cap de lup şi trup de şarpe[201].

*

Nu se poate discuta de zoolatrie la geţi, opinia majorităţii istoricilor este că geto-dacii nu se închinau la păsări, mamifere ori reptile, la tracii noştri animalele însoţesc diferite reprezentări antropomorfe, ele apar ca atribute sau ca animale vânate. Scenele cu animale de pradă (reale sau fantastice) care atacă erbivore, sau personajele umane care vânează şi sacrifică asemenea animale – redau scene dintr-un imaginar sacru. În miturile de întemeiere a unor ţări, cetăţi, oraşe – animalul joacă rol de călăuză[202].

În mentalul arhaic, prin intermediul animalelor, zeii pot trimite prevestiri oamenilor, îi pot avertiza şi îndruma. În mitologia greacă, de exemplu, divinităţile au abilitatea de a se metamorfoza temporar în anumite animale: Zeus se preschimbă în lebădă şi taur, Poseidon apare ca armăsar, iar femeile care aveau legătură cu Hera şi Artemis se arătau în chip de vacă sau ursoaică[203]. În anumite culturi, unele animale erau consacrate divinităţilor, altele erau considerate întruchiparea zeilor pe pământ (la egipteni de exemplu).

---

[201] *Ibidem*, p. 140
[202] Mircea Eliade, *Istoria credinţelor şi ideilor religioase*, vol. III, Univers Enciclopedic, Bucureşti, 2000, p.722
[203] Walter F. Otto, *Zeii Greciei. Imaginea divinităţii în spiritualitatea greacă*, Editura Humanitas, Bucureşti, 1995, p.139

Concluzii

Imagini nemuritoare, sculptate cu o frumuseţe naivă, încearcă să ne spună poveşti uitate.

O sută de generaţii au trecut de când geţii au intrat cu sabia în mână în istoria scrisă, o sută şi mai bine de ani au trecut de când istorici, antropologi, lingvişti şi arheologi pun cap la cap, descoperire cu descoperire şi încearcă să recreeze o imagine, cât mai aproape de realitate, a unei lumi dispărute.

Walter F. Otto spunea despre greci că şi-au imaginat zeii cu înfăţişare umană, erau numiţi „Cei Veşnici" şi reprezentaţi de artişti în cea mai înfloritoare tinereţe. Marea provocare a celor care s-au ocupat de arta şi religia geto-dacilor, a fost să demonstreze dacă aceşti „barbari" au creat, la rândul lor, „chip cioplit" divinităţilor. Datele pe care le avem relevă faptul că între sursele scrise şi descoperirile arheologice nu există o simbioză cu privire la identitatea zeilor care populau panteonul geto-dacilor. Pe obiecte nu întâlnim cu certitudine nici o divinitate care apare în sursele scrise, după cum am văzut, se fac comparaţii cu zeităţi din mediul sud tracic (Bendis) şi greco-latin (Artemis/Diana, Ares/Marte, Hermes).

Zalmoxis, sacrificiul mesagerului şi săgetarea cerului pe timp de furtună, aceste elemente centrale ale religiei geto-dacilor nu sunt întâlnite în arta locală; în schimb avem un personaj feminin înaripat care este cu siguranţă o zeiţă, avem viteji şi fiinţe fantastice – deci „chip cioplit" am avea, figuri ale mitologiei autohtone există, dar ne lipseşte piesa principală, Zalmoxis.

Au existat propuneri de identificare a zeului geto-dac în artă, dar, după părerea noastră, acestea sunt pur speculative, forţate şi slab argumentate – de exemplu pictura de pe mormântul tracic de la Aleksandrovo (Bulgaria), unde după unii ar apărea ilustrat Zalmoxis, nu este nimic alt ceva decât o încercare de a umple un gol istoric cu un nud artistic. Avem aici redată o vânătoare, la care iau parte călăreţi, pedestraşi şi câini, aceştia fugăresc un cerb şi un mistreţ. Credem că putem să-i luăm de pe umeri, vlăjganului care aleargă în fundul gol după mistreţ, povara purtării numelui de Zalmoxis. Personajul respectiv a fost botezat cu acest grandios apelativ de moderni, de cei care caută înfierbântaţi soluţii noi la puzzle-uri vechi, poate doar le va rezerva şi lor istoria un loc sub soare (geţii şi-au câştigat nemurirea, acum o vor şi cei care scriu despre ei).

Pentru secolele V-III a.Chr. avem un material imagistic bogat, de pe urma căruia, putem formula păreri cu privire la bestiarul şi panteonul nord tracic.

Pentru secolele I a.Chr.-I p.Chr. ni se prezintă o lume în care bestii fioroase, realizate cu măiestrie, au menirea de a împodobii diverse obiecte, asta în comparaţie cu perioada precedentă, unde, pe lângă rolul de podoabă, ilustraţia emana sentimentul de haos, dezmembrare, sfârtecare. Exista anxietatea, sentimentul de teamă, că dacă eroul nu-şi va duce la bun sfârşit misiunea, lumea se va sfârşi (demonii de pe apărătoarea de ceafă a coifului de la Poiana Coţofeneşti sunt cel mai elocvent exemplu).

Geto-dacii ne-au lăsat dăltuit în aur şi argint scene din viaţa lor spirituală, poveştile scrise de ei prin limbajul universal al imaginilor ne aduc astăzi în faţa ochilor scene de vânătoare, sacrificiu, iubire, scene de putere, de panică şi groază. Ele sunt rămăşiţe ale unei lumi complexe, populată cu personaje pozitive şi negative, reale şi supranaturale.

Motivul iconografic cel mai întâlnit în arta geto-dacică este cel al cavalerului, acest personaj reprezintă eroul, războinicul-vânător, curajos şi iscusit, care săvârşeşte fapte măreţe ce stârnesc admiraţia oamenilor. Pe aplicele de argint de la Letniţa sunt prezentate scene din mitologia tracilor, aici întâlnim cea mai completă ilustrare a cavalerului şi a mitului său. Este posibil ca la origini el să fi fost un erou legendar, primul rege, întemeietorul tribului, iar clasa aristocraţilor, în frunte cu basileul, să îl aibă ca model, să se identifice cu el. În societăţile în care scrisul era rezervat doar unui segment restrâns, originea divină sau eroică a liderului era povestită pe cale orală şi cu ajutorul imaginilor, astfel basileul apare ilustrat în situaţii solemne, plecând la vânătoare, efectuând libaţii şi sacrificii, el îşi asumă rolul de personaj semi-divin, intermediar între oameni şi zei, erou actual, urmaş al eroului legendar.

Personajele masculine care stau pe tron la Agighiol, Băiceni şi Golyamata Mogila reprezintă regi, aceştia sunt prezentaţi într-un moment solemn, săvârşind un ritual prin care îşi legitimează suveranitatea.

Pe toreutica nord-balcanică sunt puţine reprezentări feminine, ele se concentrează în tezaurele de la Letniţa şi Rogozen, la care se adaugă rhytonul de la Poroina şi chipurile „sculptate" pe cnemidele de paradă, câteva monede şi fibule.

Pe cănile de la Rogozen întâlnim cele mai multe imagini feminine, personajele stau călare pe lei, au aripi, vase de cult în mâini şi călătoresc cu trăsuri zburătoare. Femeia înaripată este o zeiţă, celelalte împărtăşesc acelaşi statut sau sunt preotese, regine ori prinţese.

Dominaţia unor animale asupra altora este sugerată pe pocalele descoperite la Agighiol, Rogozen şi Porţile de Fier, pe coifurile de la Peretu şi Detroit – pe toate aceste piese apare Pasărea cu corn, care ţine în cioc un peşte şi în gheare un iepure, ea îşi exercită supremaţia asupra vieţuitoarelor care reprezintă simbolic mediul terestru şi acvatic. Având în vedere faptul că acest motiv iconografic (pasăre, iepure, peşte) este întâlnit doar în zona Dunării de Jos, apreciem, la fel ca Sârbu şi Florea, că el reprezintă un simbol prin care generaţia de basilei din acea perioadă îşi exprima suveranitatea asupra regatului pe care îl avea în stăpânire.

Nu există dovezi că traco-geţii practicau zoolatria, din câte cunoaştem, ei îşi creaseră o imagine antropomorfă despre zeii lor, din spusele lui Herodot, Zalmoxis avea înfăţişare umană. „Icoana" animalelor în arta locală oscilează între personaje principale (Pasăre cu corn), ajutoare (cai, câini, feline) şi atribute ale divinităţilor, regilor, eroilor. Imaginea animalelor cu rol de călăuză, de mediatori sau ca simbol al puterii, evidenţia abilităţile personajelor antropomorfe şi le solidifica sau eleva statutul social.

Coifurile din metal preţios au partea frontală decorată cu doi ochi expresivi. Completând spusele autorilor antici, despre geţi şi despre daci, cu analogii din istoria religiilor privind dubla descendenţă umană şi divină a regelui (care reprezenta întreaga comunitate în faţa divinităţii), şi adăugând elemente din simbolismul ochiului – am emis ipoteza că regele poruncea sfătuit de zei, iar zeii prin ochii magici de pe coif vedeau dacă supuşii dau ascultare poruncilor. Oamenii îl vedeau pe zeu, iar în acelaşi timp, zeul îi vedea pe oameni. Deoarece pe părţile laterale ale coifului sunt reprezentate urechi, se poate considera că purtătorul poseda şi un auz divin, cu alte cuvinte regele nu putea fi minţit pentru că el „vedea şi auzea totul". Aceşti ochi divini nu clipesc niciodată, veghează necontenit, văd totul, sunt vigilenţi chiar şi în mormânt. Coiful avea drept scop, în timpul vieţii basileului, să-i înfricoşeze pe supuşi (să-i facă obedienţi, să dea ascultare), iar după trecerea în lumea cealaltă, loc în care cel ce ajungea trăia dea pururi, prin ochii veşnic deschişi el îi căuta şi îi veghea pe cei lăsaţi în urmă, la care după datina tracilor, urma să se reîntoarcă.

Cnemidele de paradă provin din morminte regale, se apreciază că partea care acoperă genunchiul reprezintă chipul unei divinităţi sub protecţia căreia se găsea purtătorul. După cum am remarcat pe una din plăcuţele de la Letniţa, aceste piese făceau parte din costumul ceremonial de vânătoare iniţiatică. Cea mai populară părere, la care ne aliniem şi noi, este aceea că pe partea superioară a cnemidelor ar fi reprezentată zeiţa Artemis/Bendis, patroana vânătorii. Coifurile şi cnemidele din metal preţios nu aveau rolul de al apăra în luptă pe cel care le purta, deoarece duritatea aurului şi argintului nu puteau garanta protecţia necesară, iar valoarea lor îl transformau pe purtător în principala ţintă a inamicului. Faptul că sunt împodobite cu o bogată figuraţie demonstrează că erau utilizate doar cu ocazia unor evenimente de o însemnătate majoră. Tracii bogaţi doreau să se distingă de mulţime, poziţia importantă pe care o ocupau în cadrul societăţii era scoasă în evidenţă prin costumele extravagante compuse din coifuri, cnemide şi brăţări confecţionate din metale preţioase şi împodobite cu ilustraţii care să le istorisească obârşia superioară.

În epoca Regatului Dac, datorită cutumelor de ordin religios, nu se mai regăsesc bogatele morminte tumulare şi dispar simbolurile statutului social. Lipseşte scena sacrificiului, cea a vânătorii, figura personajului care stă pe tron dispare şi ea, la fel şi Pasărea unicorn, animalul cu opt picioare şi celelalte patrupede întâlnite în acea fascinantă şi bizară procesiune a animalelor. Totuşi, câteva dintre temele artistice caracteristice perioadei timpurii a artei getice s-au perpetuat, acestea sunt: tema cavalerului, femei cu vase de cult în mâini, personaj feminin cu aripi (descoperirile de la Lupu şi Iakimovo confirmă perpetuarea în imaginarul local a unei divinităţi înaripate).

În reprezentările aparţinând secolelor I a.Chr.-I p.Chr, secvenţele în care apare călăreţul sunt mai puţine, acesta posedă alte arme şi are ca atribut vulturul; indiciile sunt prea firave pentru a ne pronunţa cu convingere, dar, după Sârbu şi Florea, se poate ca, dintr-un erou legendar, care întrupa virtuţile şi calităţile admirate de basileii secolelor trecute, cavalerul să fi devenit în această perioadă un personaj divin.

Reprezentările antropomorfe şi zoomorfe ilustrează credinţe şi mituri autohtone, în centrul acestora este plasat călăreţul, imaginea lui este asociată cu un personaj feminin, dar din păcate mitologia care înconjoară acest „cuplu" este greu de reconstituit.

După cum am văzut, arta figurativă a geţilor şi a dacilor era bogată şi în compoziţii animaliere reale şi fantastice. Toate acestea făceau parte din mitologia şi tradiţiile strămoşilor istorici ai poporului român; mitologie care din păcate nu s-a păstrat în formatul ei original, aşa cum s-a întâmplat la greco-romani, dar rămăşiţe ale vechilor credinţe s-au infiltrat în datinile şi obiceiurile creştine.

Când ne gândim la strămoşii geto-daci, să ne amintim că în arta lor se regăsesc frânturi ale unei ideologii, imaginile redate pe piese trebuie văzute ca un limbaj ce exprimă mostre ale mentalităţii acelei epoci, mentalitate populată cu eroi, zei şi fiinţe fabuloase.

ILUSTRAȚII

În paginile următoare o să ne întâlnim cu fascinanta artă tracică, în special cu cea a geto-dacilor.

Fig. 1. a. Coiful de la Băiceni.

Fig.1.b. Decorul desfășurat pe coif.

Fig. 1.c. Scena de pe obrăzarul drept. Personaj imberb stând pe tron.

Fig. 2.a. Coiful de la
Poiana Cotofenesti.

Fig. 2.b. Scena Sacrificiului.

Fig. 2.c. Decorul de pe apărătoarea de ceafă.

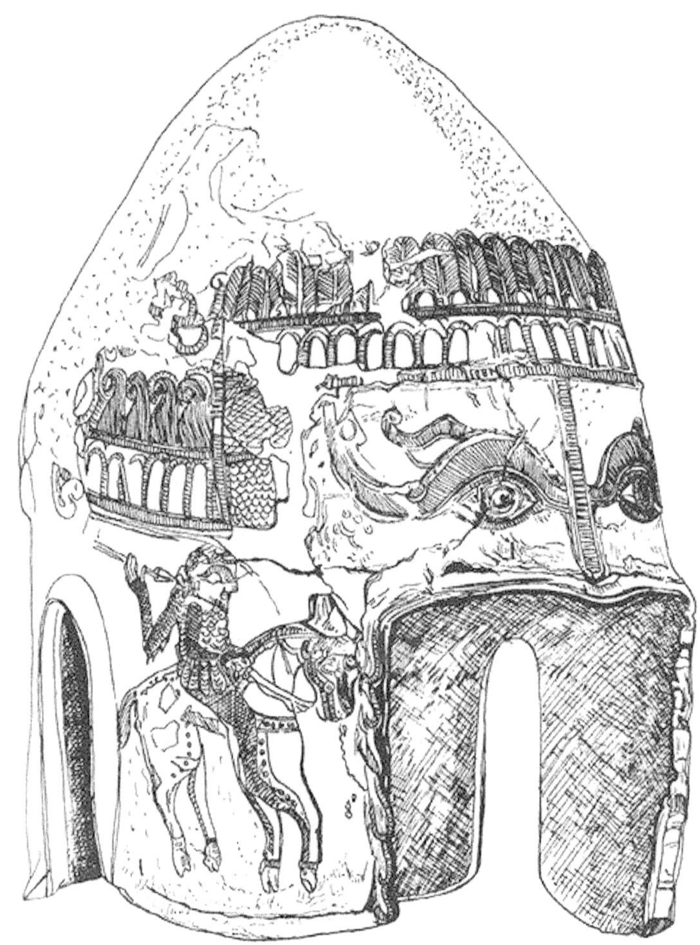

Fig. 3.a. Coiful de la Agighiol.

Fig. 3.b. Cnemida nr. 1 - Agighiol.

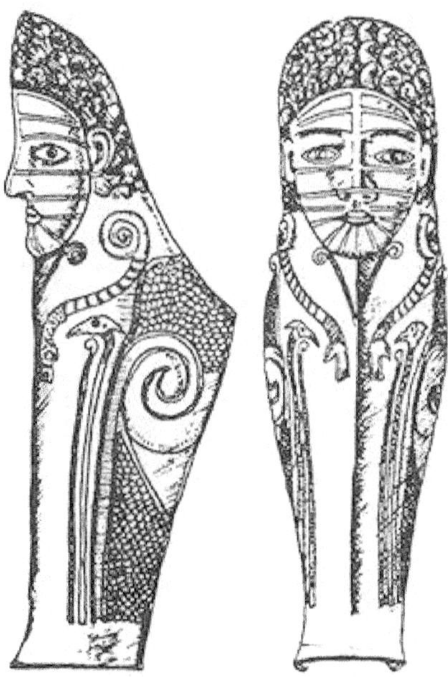

Fig. 3.c. Cnemida nr. 2 - Agighiol.

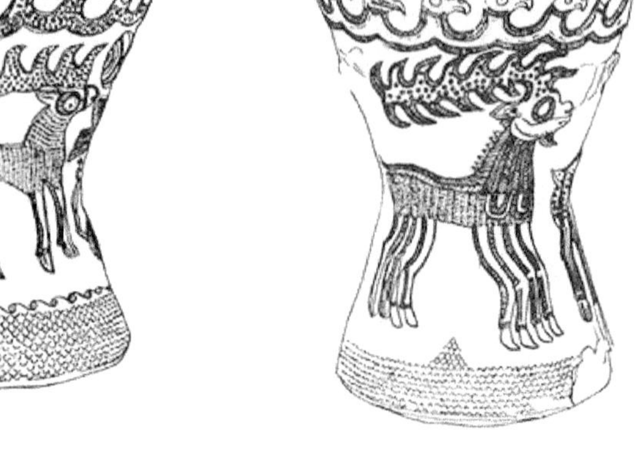

Fig. 3.d. Pocalul nr. 1 de la Agighiol.   Fig. 3.e. Pocalul nr. 2 de la Agighiol.

Fig. 3.f. Decorul de pe pocalele de la Agighiol.

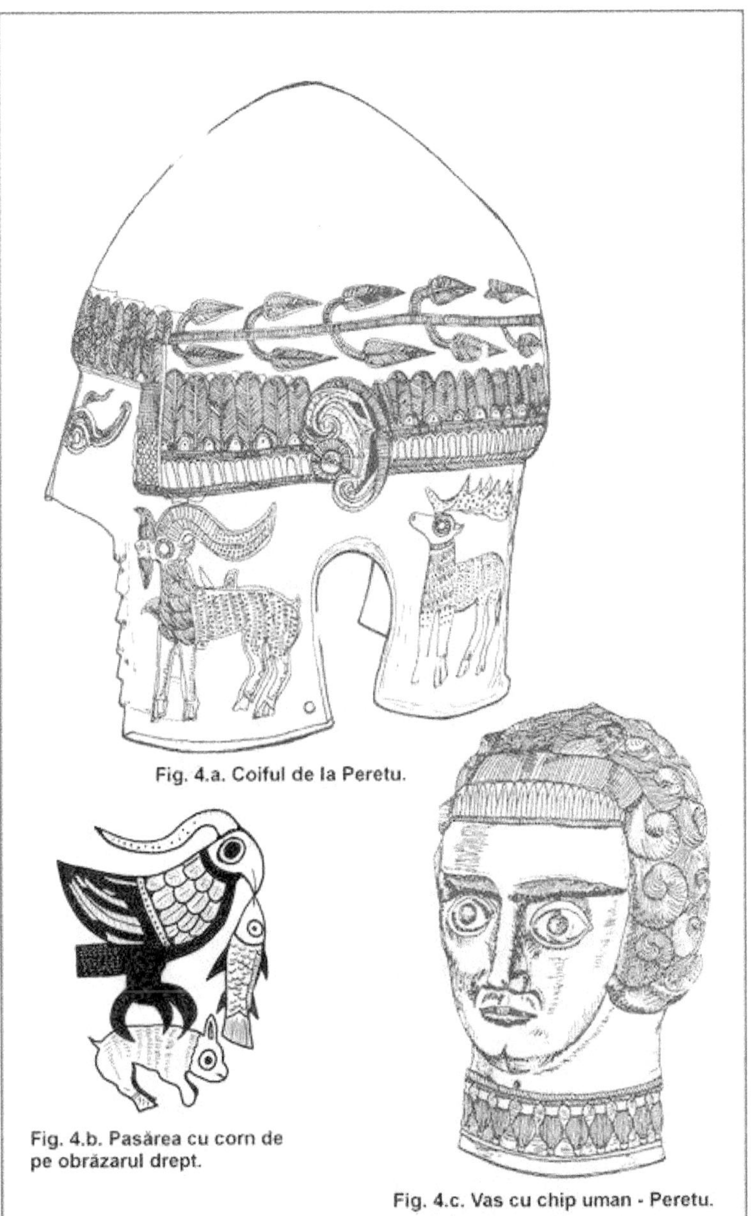

Fig. 4.a. Coiful de la Peretu.

Fig. 4.b. Pasărea cu corn de
pe obrăzarul drept.

Fig. 4.c. Vas cu chip uman - Peretu.

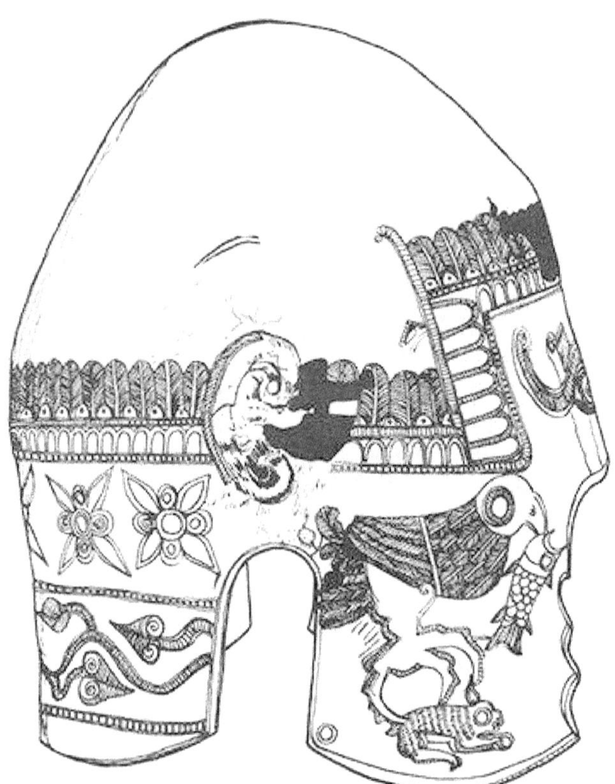

Fig. 5.a. Coiful de la Porţile de Fier.

Fig. 5.b. Pasărea de pe obrăzarul drept.

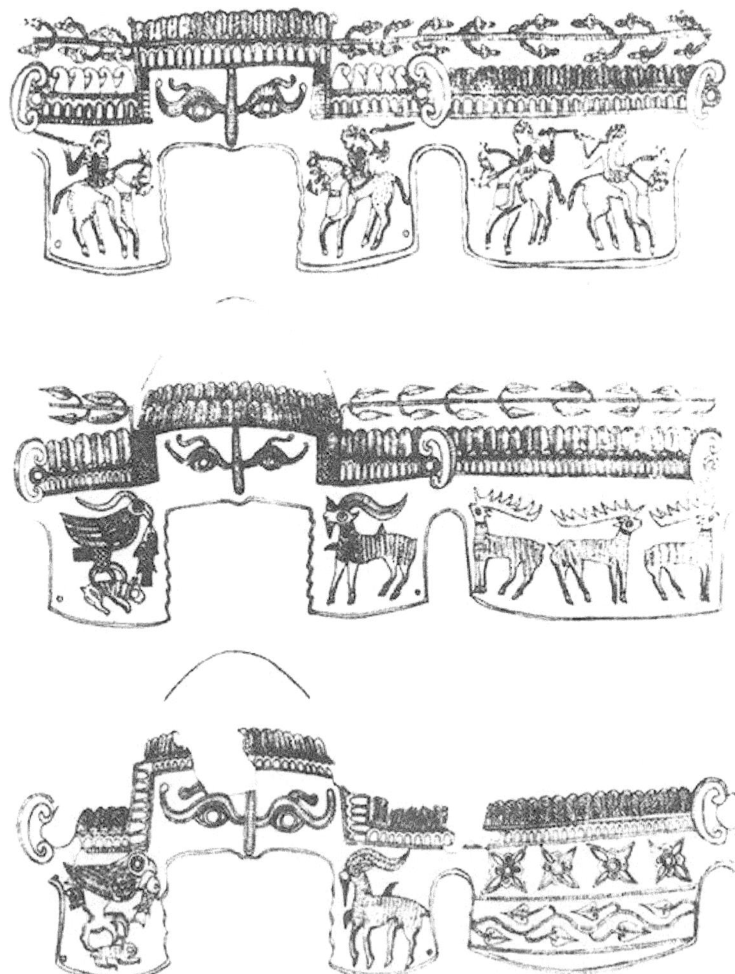

Fig. 6 Decorul de pe coifurile de la Agighiol, Peretu și Porțile de Fier.

Fig. 7.a. Aplice de harnaşament din
tezaurul de la Craiova.

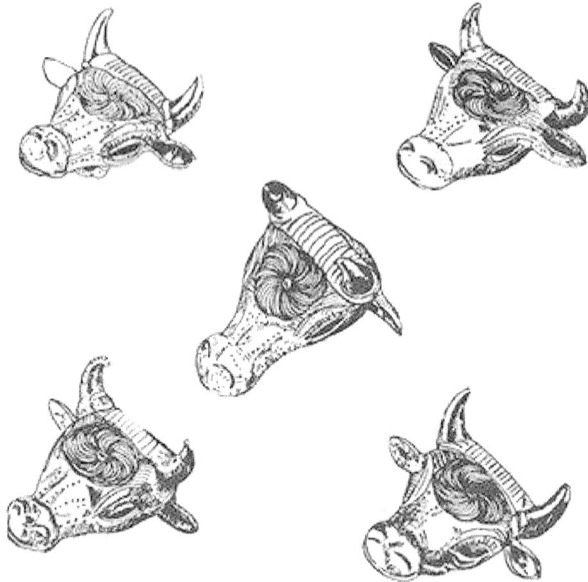

Fig. 7.b. Aplice în formă de cap de taur - Craiova.

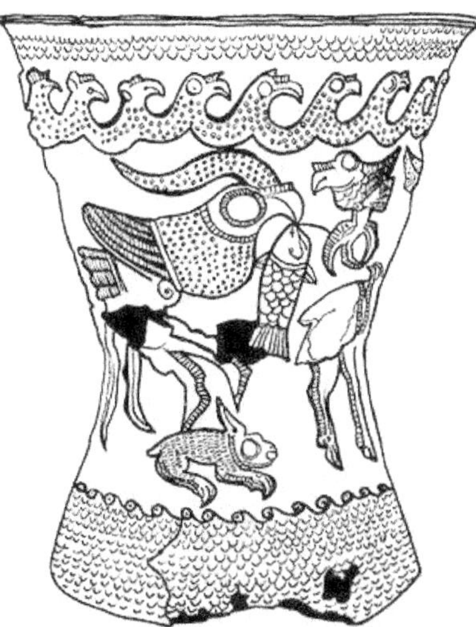

Fig. 8.a. Pocalul de la Porţile de Fier.

Fig. 8.b. Decorul de pe pocalul de la Porţile de Fier.

Fig. 9.a. Rhytonul de la Poroina.

Fig. 9.b. Decorul de pe rhyton.

Fig. 10.a. Aplică de la Letniţa.

Fig. 10.b. Scenă de vânătoare - Letniţa

Fig. 10.c. Aplică de la Letniţa.

Fig. 10.d. Personaj feminin călare pe un animal fantastic
- Letnița.

Fig. 10.e. Personaj în compania unui șarpe tricefal - Letnița.

Fig. 10.f. Scena hierogamiei - Letnița.

Fig. 11.a. Vânătoare de lei - Lukovit.

Fig. 11.b. Leu atacând un cerb.

Fig. 12.   Scenă de vânătoare -
centură - Loveţ

Fig. 13.a. Cnemida de la Vrața.

Fig. 13.b. Cana de la Vrața.

Fig. 13.c. Decorul de pe cană: dublă reprezentare a unui personaj (posibil un zeu) aflat într-un car înaripat, tras de patru cai - Vrața.

Fig. 14.a. Zeiță călare pe leu -
cana 155 - Rogozen.

Fig. 14.b. Vânătoare de
mistreți - cana 159.

Fig. 14.c. Zeiță
înaripată - cana 158.

Fig. 14.d. Zeițe într-un
car tras de cai înaripați
- cana 157.

Fig 14.e. Zeiță, poate Artemis-Bendis.

Fig. 14.f. Decorul de pe cănile 155, 157 și 159 de la Rogozen.

Fig. 14.g. Zeița înaripată de pe cana nr. 158 - Rogozen.

Fig. 14.h. Pocalul de la Rogozen.

Fig. 14.i. Decorul de pe pocal.

Fig. 15. Decorul de pe cnemida de la Golyamata Mogila.

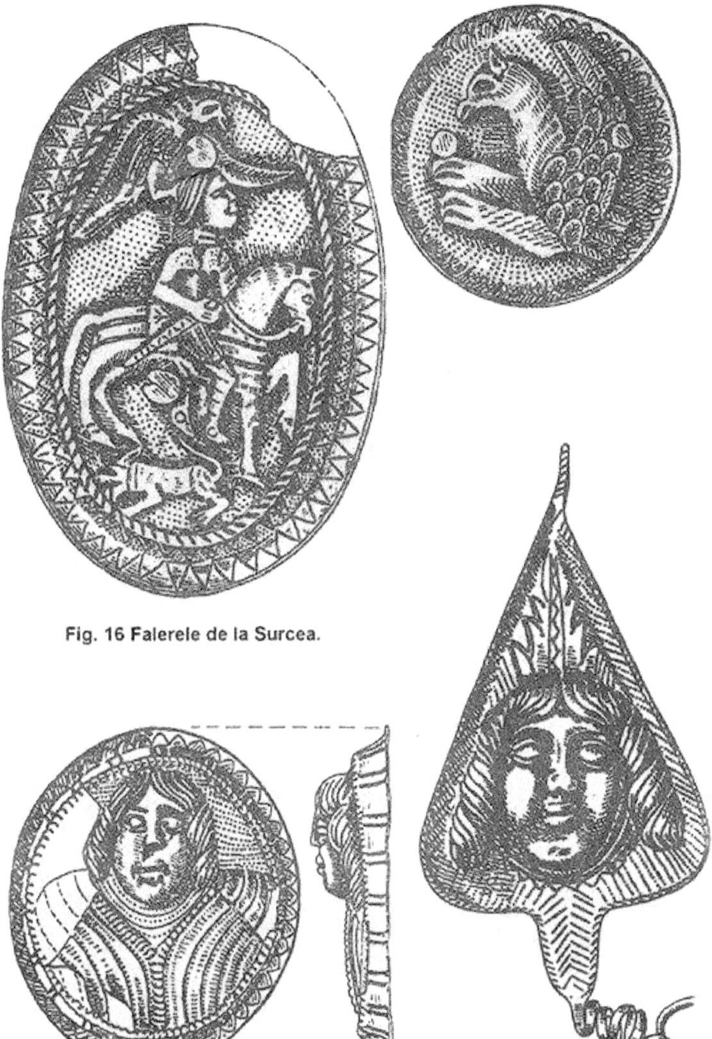

Fig. 16 Falerele de la Surcea.

Fig. 17 Faleră de la București-Herăstrău.

Fig. 18 Fibulă - Coada Malului.

Fig. 19.a Zeița înaripată
de la Lupu.

Fig. 19.b. Personaje
feminine.

Fig. 19.d. Lupta dintre vultur și șarpe.

Fig. 19.c. Cavalerul cu scut.

Fig. 20. Disc din fier (poate umbro de scut) – Piatra Roșie.

Fig. 21. Falere descoperite la Galice.

Fig. 22 Piese de argint din tezaurul de la Agighiol.

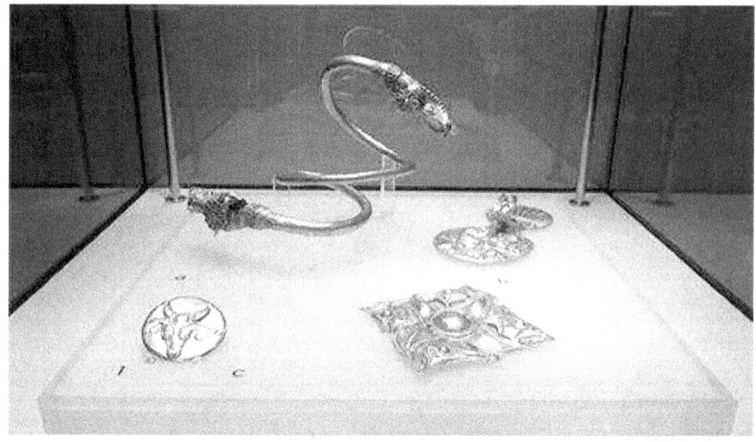

Fig. 23 Brăţara din aur descoperită la Băiceni, jud. Iaşi.

Fig. 24. Brăţări din aur – Sarmizegetusa Regia.

Fig. 25. Feţele laterale ale matriţei de bronz de la Sarmizegetusa Regia.

Fig. 26. Detalii de pe matrița de la Sarmizegetusa Regia.

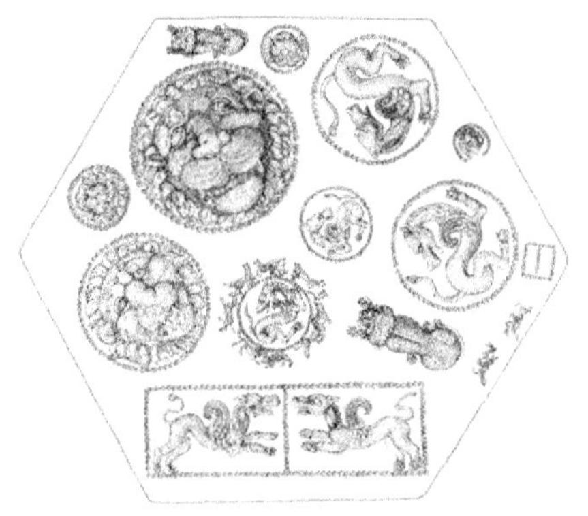

Lista ilustraţiilor

Fig. 1. a-c. /după *Petrescu-Dâmboviţa, Marin* 1975.

Fig. 2. a-c. / după *I Daci*, foto G. Dumitru.

Fig. 3. a-f. / după *I Daci*, foto G. Dumitru (a), *D. Berciu* 1969 (b, c), *I Daci*, foto G. Dumitru (d,e), *P. Alexandrescu* 1983 (f).

Fig. 4. a-c. / după *Moscalu* 1989.

Fig. 5. / după *I Daci*, foto G. Dumitru.

Fig. 6. / după *P. Alexandrescu* 1983.

Fig. 7. a-b. / după *I Daci*, foto G. Dumitru.

Fig. 8. a-b. / după *I Daci*, foto G. Dumitru (a), *P. Alexandrescu* 1983 (b).

Fig. 9. a-b. / după *I Daci*, foto G. Dumitru (a), *D. Berciu* 1969 (b).

Fig. 10. a-f. / după *Le tresors d`art de terres bulgares*.

Fig. 11. a-b. / după *Sorin Nemeti „Zei cavaleri în spaţiul nord-balcanic"* (a), ilustraţie *V. Moraru* desen reprodus după o imagine din *Thracian treasures from Bulgaria* 1979 (b).

Fig. 12. / ilustraţie *V. Moraru, desen reprodus* după o imagine din *Le tresors d`art de terres bulgares*.

Fig. 13. a-c. / după *B. Nicolov (a), Thracian treasures from Bulgaria* 1979 *(b), B. Nicolov* (c).

Fig. 14. a-i. / după *I. Marazov „The Rogozen Tresure" (a, b, c, d), B. Nikolov, S. Maşov, P. Ivanov (e, f), I. Marazov „The Rogozen Tresure"(g), I. Marazov* 1987 (h), *B. Nicolov* (i).

Fig. 15. / după *D. Agre „The Tumulus of Golyamata Mogila near the villages of Malomirovo and Zlatinitsa"*.

Fig. 16. / după *L. Mărghitan*.

Fig. 17. / după *L. Mărghitan*.

Fig. 18. / după *L. Mărghitan*.

Fig. 19. a-d. / după *I. Glodariu, V. Moga* (a, b, c, d).

Fig. 20. / ilustraţie *V. Moraru,* desen reprodus după imagini din *G. Florea şi alţii „Când viaţa cotidiană devine patrimoniu UNESCO - Incursiuni dacice în spaţiul virtual”*.

Fig. 21. / după *B. Nicolov*.

Fig. 22. / foto *V. Moraru* 2017.

Fig. 23. / foto *V. Moraru* 2017.

Fig. 24. / foto *V. Moraru* 2018.

Fig. 25. / după Matriţa de bronz de la Sarmizegetusa Regia, desen Rodica Gaciu & Adina Bogătean.

Fig. 26. / după Matriţa de bronz de la Sarmizegetusa Regia, desen Rodica Gaciu & Adina Bogătean.

BIBLIOGRAFIE

<u>Tratate, monografii şi lucrări generale</u>

AGRE, Daniela, *The Tumulus of Golyamata Mogila near the villages of Malomirovo and Zlatinitsa*, Publisher Avalon, Bulgaria, Sofia, 2011.

BERCIU, Dumitru, *Arta traco-getică,* Editura „Academiei Republicii Socialiste România", Bucureşti, 1969.

BERENS, M. E., *The myts and legends of ancient Greece and Rome,* „Blackie & Son", Londra, 1880.

BOYCE, Mary, *A history of Zoroastrianism,* Publisher Leiden & E.J. Brill, Koln,1982

COOPER, D. Jason, *Mithras: mysteries and initiation rediscovered,* Publisher S. Weiser, York Beach, Maine, 1996.

CRIŞAN, Horaţiu, Ion, *Spiritualitatea geto-dacilor*, Editura „Albatros", Bucureşti, 1986.

CRIŞAN, Horaţiu, Ion, *Civilizaţia geto-dacilor*, Vol. 1, Editura Dacica, Bucureşti, 2008.

CRIŞAN, Horaţiu, Ion, *Civilizaţia geto-dacilor*, Vol. 2, Editura Dacica, Bucureşti, 2008.

DANA, Dan, *Zalmoxis de la Herodot la Mircea Eliade*, Editura „Polirom", Bucureşti, 2008.

DHALLA, Maneckji NusserVanji, *Zoroastrian civilization*, Oxford University Press, London, 1922.

DURAND, Gilbert, *Structurile antropologice ale imaginarului,* Editura „Univers Enciclopedic", Bucureşti , 2000.

ELIADE, Mircea, *Aspecte ale mitului*, Editura „Univers", Bucureşti, 1978.

ELIADE, Mircea, *De la Zalmoxis la Genghis-Han*, Editura „Humanitas", Bucureşti, 1995.

ELIADE, Mircea, *Istoria credinţelor şi ideilor religioase*, vol. I-III, Editura „Univers Enciclopedic", Bucureşti, 2000.

ELIADE, Mircea, *Sacrul şi Profanul,* Editura „Humanitas", Bucureşti, 1992.

FLORESCU, Radu, *Arta dacilor,* Editura „Meridiane", Bucureşti, 1968.

FOL, Alexander, *Thracian treasures from Bulgaria,* Committee for Culture, Bulgaria, 1979.

GRAMATOPOL, Mihai, *Artă şi arheologie dacică şi romană,* Editura „Sport Turism", Bucureşti 1982.

GRAMATOPOL, Mihai, *Studia III,* Editura „Transilvania Expres, Braşov, 2008.

GREEN, Roger, Lancelyn, *Tales of the Greek heroes*, Publisher Puffin, London, 1994.

ILIESCU, Vladimir; Radu HÎNCU şi Virgil POPESCU, *Izvoare privind istoria României,* vol.I, Editura „Academiei Republicii Populare România", 1964.

KITOV, Georgi, *The Panagyurishte Treasure,* Editura „Slavena", 2003.

MARAZOV, Ivan, *The Rogozen Tresure,* „SVYAT Publishers", Sofia, 1989.

MIHĂESCU, Haralambie şi alţii, *Izvoare privind istoria României,* vol.II, Editura „Academiei Republicii Populare România", 1970.

MUŞU, Gheorghe, *Din mitologia tracilor,* Editura „Cartea românească", Bucureşti, 1982.

NEUMANN, Erich, The great mother: an analysis of the archetype, Princeton University Press, 1972.

NOUR, Andrei, *Cultul lui Zalmoxis. Credinţe,rituri şi superstiţii geto-dace*, Editura Antet XX Press, Filipeştii de Târg, Prahova, 2010,

OLTEAN, Dan, *Religia dacilor*, Editura „Saeculum I.O", Bucureşti, 2003.

OPPERMANN, Manfred, *Tracii. Între Arcul Carpatic şi Marea Egee,* Editura „Militară", Bucureşti, 1988.

OTTO, F. Walter, *Zeii Greciei. Imaginea divinităţii în spiritualitatea greacă*, Editura „Humanitas", Bucureşti, 1995.

PALIGA, Sorin, *Mitologia tracilor*, Editura „Meteor Press", Bucureşti, 2008.

PÂRVAN, Vasile, *Getica. O protoistorie a Daciei*, „Cultura Naţională", Bucureşti, 1926.

PROTASE, Dumitru; SUCEVEANU, Alexandru (coordonatori), *Istoria Românilor*, Vol. 2, Editura Enciclopedică, Bucureşti, 2010.

RUSSU, Iosif, Ion, *Religia geto-dacilor*, Editura „Dacica", Bucureşti, 2009.

SÎRBU, Valeriu şi FLOREA, Gelu, *Imaginar şi imagine în Dacia preromană*, Editura „Istros", Brăila, 1997.

STEINGRABER, Stephan, *Abundance of Life: Etruscan Wall Painting*, Getty Trust Publications: J. Paul Getty Museum, 2007.

URSU-NANIU, Rodica, *Limbajul mitic şi religios al artei princiare getice (sec IV-III î.Chr.),* Cartdidact, Chişinău, 2004.

Dicţionare, enciclopedii, cataloage, albume, reviste şi proiecte
ANTONESCU, Romulus, *Dicţionar de simboluri şi credinţe tradiţionale româneşti*, Ediţie digitală, 2016.

BUDA, Ştefan, *Tezaure de aur din Romania,* Editura „Meridiane", 1979.

CHEVALIER, Jean, GHEERBRAND, Alain, *Dicţionar de simboluri*, Vol. I-III, Editura „Artemis", Bucureşti, 1995.

FERRARI, Anna, *Dicţionar de mitologie greacă şi romană*, Polirom, 2003.

FLOREA, Gelu şi alţii, *Proiect: Când viaţa cotidiană devine patrimoniu UNESCO - Incursiuni dacice în spaţiul virtual,* Editura Only One, Cluj-Napoca, 2016, pp. 146-148.

FLOREA, Gelu (coordonator), *Matriţa de bronz de la Sarmizegetusa Regia,* Editura Mega, Cluj-Napoca, 2015.

FLORESCU, Radu; Daicoviciu, Hadrian, *Dicţionar enciclopedic de artă veche a României,* „Editura Ştiinţifică şi enciclopedică", 1980.

GHINOIU, Ion, *Dicţionar mitologie română*, Univers Enciclopedic Gold, 2013.

ILIESCU, Gabriel, *Zeii dacilor pe efigii monetare*, în Magazin istoric, nr. 4, aprilie 1981, pp. 43-45.

MĂRGHITAN, Liviu, *Tezaure de argint dacice*, Bucureşti, 1976.

POPESCU, Arbore, Grigore (coordonator), *I Daci,* Electa, Milano, 1997.

PREDA, Constantin, *Enciclopedie de numismatică antică în România,* Editura Enciclopedică, Bucureşti, 2008.

WRIGHT, F. A., *Classical Dictionary Of Proper Names Mentioned In Ancient Authors,* Routlege & Kegan Paul LTD, London, 1951.

Studii de specialitate

BERCIU, Dumitru, *Mormântul „princiar" de la Agighiol şi unele probleme ale artei traco-getice,* în „Pontica", 2, 1969, p. 169-187.

FARKAS, Anne, *Style and subject matter in native thracian art,* Metropolitan Museum Journal 16, 1982, pp. 33-48.

FLOREA, Gelu; SUCIU, Liliana, *Observaţii cu privire la scutul de la Piatra Roşie*, în „Ephemeris Napocensis", V, 1995, pp. 47-63.

GLODARIU, Ioan; MOGA, Vasile, *Tezaurul dacic de la Lupu,* în „Ephemeris Napocensis", IV, 1994, p. 33-18.

NEMETI, Sorin, *Zei cavaleri în spaţiul nord-balcanic (sec. V a.Ch. - I p.Ch.),* în „Ephemeris Napocensis", IX-X, 1999-2000, pp. 107-129.

SPÂNU, Daniel, *Semnificaţii ale îngropării tezaurelor dacice de piese de argint,* în „Ephemeris Napocensis", VIII, 1998, p. 45-52.

Surse electronice (internet)

http://www.formula-as.ro/2012/1051/societate-37/comoara-dacilor-de-la-piatra-rosie-15947, 10 mai 2013

http://www.realitatea.net/dacii-erau-plini-de-aur-potrivit-unui-nou-studiu-asupra-bratarilor-dacice_795013.html, 10 mai 2013

http://www.romaniapozitiva.ro/featured/noile-piese-dacice-adaugate-la-tezaurul-istoric-al-romaniei/, 10 mai 2013

http://thracianart.artstudies.bg/?p=item&id=333, 10 mai 2013

http://www.vesti.bg/?tid=40&oid=757991, 10 mai 2013

http://www.mcdr.ro/expozitii-sievenimente/item/721-matrita-din-bronz-de-la sarmizegetusa#itemImageGallery Anchor, 16 mai 2018

https://www.metmuseum.org/art/collection/search/254246, 29 iulie 2021

https://ziarulnatiunea.ro/2017/11/18/povestea-unui-coif-pierdut-si-regasit-coiful-cu-ochi-de-pe-nistru/, 29 iulie 2021 http://web-facstaff.sas.upenn.edu/~dpd/italica/twlanuvium.html, 29 iulie 2021

https://palatulculturii.ro/expozitii-si-evenimente/coiful-de-sorginte-viking-de-la-pacani-unic-n-spaiul-romnesc-a-fost-predat-azi-complexului-muzeal-naional-moldova-iai--587, 29 iulie 2021